100만 중국어 학습자가 선택한 중국어 회화 시리즈 베스트셀러!
『맛있는 중국어』 회화 시리즈가 6단계로 개편됩니다.

구판

맛있는 중국어
Level ❶ 上

맛있는 중국어
Level ❶ 下

맛있는 중국어
Level ❷

맛있는 중국어
Level ❸

맛있는 중국어
Level ❹

맛있는 중국어
Level ❺

최신개정판

맛있는 중국어
Level ❶ 첫걸음

맛있는 중국어
Level ❷ 기초 회화

맛있는 중국어
Level ❸ 초급 패턴1

맛있는 중국어
Level ❹ 초급 패턴2

맛있는 중국어
Level ❺ 스피킹

맛있는 중국어
Level ❻ 중국통

100만 독자의 선택
맛있는 중국어 시리즈

회화

첫걸음·초급
▶ 중국어 발음과 기본 문형 학습
▶ 중국어 뼈대 문장 학습

초·중급
▶ 핵심 패턴 학습
▶ 언어 4대 영역 종합 학습

맛있는 중국어
Level ❶ 첫걸음

맛있는 중국어
Level ❷ 기초 회화

맛있는 중국어
Level ❸ 초급 패턴1

맛있는 중국어
Level ❹ 초급 패턴2

맛있는 중국어
Level ❺ 스피킹

맛있는 중국어
Level ❻ 중국통

기본서

▶ 재미와 감동, 문화까지 **독해**
▶ 어법과 어감을 통한 **작문**
▶ 60가지 생활 밀착형 회화 **듣기**

▶ 이론과 트레이닝의 결합! **어법**
▶ 듣고 쓰고 말하는 **간체자**

맛있는 중국어 독해 ❶❷

NEW맛있는 중국어 작문 ❶❷

맛있는 중국어 듣기

NEW맛있는 중국어 어법

맛있는 중국어 간체자

비즈니스

맛있는
비즈니스 중국어
Level ❶ 첫걸음

맛있는
비즈니스 중국어
Level ❷ 일상 업무

맛있는
비즈니스 중국어
Level ❸ 중국 출장

맛있는
비즈니스 중국어
Level ❹ 실전 업무

▶ 비즈니스 중국어 초보 탈출! **첫걸음**
▶ 중국인 동료와 의사소통이 가능한 **일상 업무편**
▶ 입국부터 출국까지 완벽 가이드! **중국 출장편**
▶ 중국인과의 거래, 이젠 자신만만! **실전 업무편**

쉽게! 재미있게! 가볍게! 반복적으로!
다양한 무료 콘텐츠로 『맛있는 중국어』를 즐기세요!

 워크북(별책)

본책에서 학습한 내용을 복습할 수 있습니다.

 핵심 문장 카드

2단계의 핵심 문장을 정리해 놓았습니다. 잘라서 카드 링으로 연결하면 학습하기 편리합니다.

 단어 카드(PDF 파일 다운로드)

각 과의 학습 단어가 정리되어 있습니다. 파일을 다운로드하여 스마트폰 등에 담아 틈틈이 단어를 암기할 수 있습니다.

복습용 워크시트(PDF 파일 다운로드)

각 과의 학습 단어와 「맛있는 문장 연습」의 문장을 써보며 복습할 수 있습니다.

 암기 동영상

깜빡이 학습법으로 각 과에 나온 모든 단어를 자동으로 암기할 수 있습니다.

트레이닝 듣기

각 과의 시작 페이지에 있는 QR 코드를 스캔하면 듣고 따라 말하는 트레이닝 버전의 듣기 파일을 들을 수 있습니다.

 유료 **동영상 강의**(할인 쿠폰 수록)

기초 학습자들을 위해 중국어의 기본 문형과 생활 회화를 혼자서 학습할 수 있게 알려 줍니다.

최신 개정

맛있는 중국어
Level ② 기초 회화

JRC 중국어연구소 기획·저

맛있는 books

최신 개정

맛있는 중국어 Level ❷ 기초 회화

제1판	1쇄 발행	2005년	2월	1일		
제2판	1쇄 발행	2012년	1월	20일		
제2판	82쇄 발행	2020년	11월	30일		
제3판	1쇄 발행	2021년	4월	15일		
제3판	11쇄 발행	2024년	9월	25일		

기획·저	JRC 중국어연구소
발행인	김효정
발행처	맛있는books
등록번호	제2006-000273호

주소	서울시 서초구 명달로 54 JRC빌딩 7층
전화	구입문의 02·567·3861 I 02·567·3837
	내용문의 02·567·3860
팩스	02·567·2471
홈페이지	www.booksJRC.com

ISBN	979-11-6148-053-4 14720
	979-11-6148-051-0 (세트)
정가	15,000원

머리말

『맛있는 중국어』회화 시리즈는 중국어를 '쉽고 재미있게' 배울 수 있도록 2002년부터 JRC 중국어연구소에서 오랫동안 연구 개발한 교재입니다. 2002년 처음으로 교재로 사용되었으며, 2005년 정식 출간된 후 다양한 교육 현장에서 사용되어 베스트셀러로 자리매김하였습니다. 이후 한 차례의 개정을 통해 지금까지 모두 100만 부가 판매되는 놀라운 기록을 달성하였습니다.

『맛있는 중국어』최신 개정판은 몇 년 전부터 기획되어 진행되었으며 오랜 고민과 노력을 통해 재탄생하였습니다. 중국어를 쉽고 재미있게 배워야 한다는 기존 콘셉트를 최대한 유지하면서, 시대의 변화를 반영하고 학습의 편의성을 실현하는 데 개편의 중점을 두었습니다.

기존의 『맛있는 중국어 Level ①~⑤』는 『맛있는 중국어 Level ①~⑥』 총 6단계로 개편되었으며 듣기, 말하기, 읽기, 쓰기를 모두 자연스레 익힐 수 있도록 구성하였습니다.

제1단계, 제2단계는 중국어 발음과 기초 회화 학습에 중점을,
제3단계, 제4단계는 중국어의 뼈대를 세우고 어순 훈련 및 회화 학습에 중점을,
제5단계, 제6단계는 상황별 회화와 관용 표현 및 작문 학습에 중점을 두었습니다.

별책으로 제공되는 『워크북』에는 간체자 쓰기와 효과적인 복습을 도와주는 학습 노트를 담았으며, 「복습용 워크시트」, 「단어 카드」 등을 별도로 구성하여 학습에 도움을 주고자 최대한 노력하였습니다.

중국어를 어떻게 하면 잘할 수 있을까요?
영어처럼 10년을 공부하고도 한마디도 말할 수 없다면……

『맛있는 중국어』회화 시리즈는 여러분이 맛있고 재미있게 중국어를 학습할 수 있도록 모든 재료를 갖추어 놓았습니다. 하지만 여러분이 직접 요리하지 않는다면 소용없겠죠? 언어는 어떻게 시작하느냐가 중요합니다. '읽기 위주의 학습 습관'에서 벗어나, 어린아이가 처음 말을 배울 때처럼 '귀로 듣고 입으로 따라하기' 위주로 중국어를 시작해 보세요. 그리고 꾸준히 즐겁게 학습해 보세요! 어느새 중국어가 입에서 술술~ 재미가 솔솔~ 여러분의 향상된 중국어를 체험하실 수 있을 겁니다.

지금까지 현장에서 끊임없이 의견을 주신 선생님들과 최고의 교재를 만들고자 오랜 고민과 노력을 기울인 맛있는북스 식구들, 그리고 지금까지 『맛있는 중국어』를 사랑해 주신 모든 독자분들께 다시 한번 감사의 인사를 전하며, 이 책이 여러분의 중국어 회화 성공에 도움이 되기를 진심으로 바랍니다.

JRC 중국어연구소 김효정

차례

맛있는 중국어 Level ❷ 기초 회화

과	단원명	핵심 문장	학습 포인트		플러스 코너
1	你叫什么名字? 당신의 이름은 무엇인가요?	• 您贵姓? • 你叫什么名字? • 认识你，很高兴。	표현 어법 단어	이름 묻고 답하기 이름을 묻는 표현 认识你，很高兴 성씨	문화 중국에서 제일 많은 성씨는?
2	你是哪国人? 당신은 어느 나라 사람이에요?	• 老师早! • 你是哪国人? • 我是美国人。	표현 어법 단어	국적 묻고 답하기 인사 표현 무 국적을 묻는 표현 국가	문화 적재적소에 쓰는 중국어 호칭
3	你家有几口人? 당신의 가족은 몇 명이에요?	• 你家有几口人? • 我家有四口人。 • 你爸爸、妈妈身体 　好吗?	표현 어법 단어	가족 수와 구성원 묻고 답하기 가족 수를 묻는 표현 주술술어문 가족	문화 한 자녀 정책이 사라진 중국
4	他今年28岁。 그는 올해 28살이에요.	• 你哥哥今年多大? • 他今年28岁。 • 他在电视台工作。	표현 어법	나이 묻고 답하기 직업 묻고 답하기 나이를 묻는 표현 多+형용사 개사 在	그림 단어 직업
5	你的手机在钱包下边。 당신의 핸드폰은 지갑 밑에 있어요.	• 我的手机在哪儿? • 我的钱包呢? • 在桌子上边。	표현 어법	존재 표현 익히기 사물의 위치 묻고 답하기 여러 가지 방위사 존재문 생략형 의문문을 만드는 呢	시 静夜思
6	你的生日是几月几号? 당신의 생일은 몇 월 며칠이 에요?	• 你的生日是几月几号? • 四月十四号。 • 祝你生日快乐!	표현 어법	날짜 묻고 답하기 생일 축하 표현 익히기 여러 가지 시간사(1) 연월일 및 요일 표시법	문화 우리와 다른 중국의 기념일
7	下午去看电影。 오후에 영화 보러 가요.	• 这个星期六你忙吗? • 上午去商店买东西。	표현 어법	'이번', '지난', '다음' 표현 익히기 계획 묻고 답하기 여러 가지 시간사(2) 연동문	문화 중국인이 즐기는 오락거리
8	我给你买衣服。 내가 당신에게 옷을 사줄게요.	• 今天我们在哪儿买 　衣服? • 去百货商店吧。 • 我给你买衣服。	표현 어법	제안 표현 익히기 장소, 대상 관련 표현 익히기 어기조사 吧 개사 给	게임 퍼즐

6

맛있는 중국어 Level ❶ 첫걸음

맛있는 중국어 Level ❸ 초급 패턴1

이 책의 구성

『최신 개정 맛있는 중국어 Level ❷ 기초 회화』는 중국어의 **기본 문형**과 실생활에서 꼭 필요한 **생활 회화** **표현**을 학습할 수 있도록 구성되어 있습니다.

학습 포인트

주요 학습 내용을 미리 확인할 수 있습니다. 말하기 연습을 할 수 있는 「트레이닝 듣기」 는 예습용 또는 복습용으로 활용해 보세요.

맛있는 회화

일상생활과 밀접한 주제로 대화문이 구성 되어 있어 실용적이며 각 과의 핵심 표현이 녹아 있어 자연스럽게 어법 학습이 가능합 니다.

단어

각 과의 학습 단어를 알아보기 쉽게 정리했 습니다.

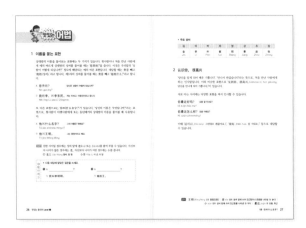

맛있는 어법

중국어 기초 어법의 뼈대를 다질 수 있습니 다. 각 과의 핵심 어법이 체계적으로 정리되 어 있으며 「확인 체크」를 통해 학습 내용을 점검할 수 있습니다.

맛있는 문장 연습

기본 문형을 좀 더 다양하게 익힐 수 있습니다. 기본 뼈대 문장에서 활용된 다양한 문장을 큰 소리로 따라 읽다 보면 문장을 막힘없이 말할 수 있습니다.

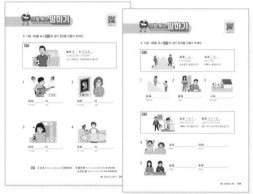

그림 보고 말하기

제시된 그림을 보고 상황을 중국어로 말하는 능력을 배양할 수 있어 중국어를 한층 더 자유자재로 구사할 수 있습니다.

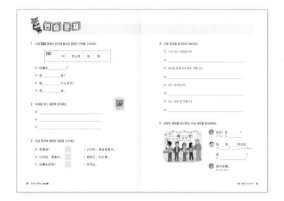

연습 문제

듣기, 말하기, 읽기, 쓰기 등 다양한 문제로 각 과의 학습 내용을 충분히 복습할 수 있습니다.

플러스 코너

「중국 문화」, 「그림으로 배우는 단어」, 「게임으로 즐기는 중국어」 등 다양한 코너를 통해 중국어 학습에 재미를 더했습니다.

종합 평가

2단계의 주요 학습 내용으로 문제가 구성되어 있습니다. 문제를 풀며 자신의 실력을 체크해 보세요.

핵심 문장 카드

2단계의 핵심 문장을 정리해 놓았습니다. 녹음을 들으며 중국어가 자연스럽게 나올 때까지 연습해 보세요.

워크북(별책)

간체자 쓰기, 녹음 듣고 빈칸 채우기, 질문에 중국어로 답하기 등 다양한 코너로 학습한 내용을 복습해 보세요.

🎁 무료 콘텐츠

단어 카드(PDF 파일)

각 과의 학습 단어가 정리되어 있습니다. PDF 파일을 다운로드하여 스마트폰 등에 담아 틈틈이 단어를 암기할 수 있습니다.

복습용 워크시트(PDF 파일)

각 과의 학습 단어와 「맛있는 문장 연습」의 문장을 써보며 복습할 수 있습니다.

암기 동영상

깜빡이 학습법으로 각 과에 나온 모든 단어를 자동으로 암기할 수 있습니다.

* 단어 카드, 복습용 워크시트는 맛있는북스 홈페이지의 「자료실」에서 다운로드할 수 있습니다.

MP3 파일 이용법

🎧 MP3 파일 듣는 방법

방법1
책 속의 **QR 코드**를 **스캔**하면 녹음을 들을 수 있습니다.

방법2
맛있는북스 홈페이지에 로그인한 후 MP3 파일을 다운로드할 수 있습니다.

🎧 MP3 파일 폴더 구성

1 **본책**
본책의 「맛있는 회화」, 「단어」, 「맛있는 문장 연습」, 「그림 보고 말하기」, 「연습 문제」, 「종합 평가」, 「핵심 문장 카드」 등의 녹음 파일이 들어 있습니다.

* 트랙 번호 보는 방법

과 번호 ———— ┐ ┌———— 트랙 번호

2 **트레이닝**
각 과의 시작 페이지에 있는 **트레이닝 듣기**의 녹음 파일이 들어 있습니다.

3 **워크북**
별책으로 제공되는 워크북의 녹음 파일이 들어 있습니다.

4 **단어 카드**
무료 콘텐츠로 제공되는 단어 카드의 녹음 파일이 들어 있습니다.

🎧 트레이닝 듣기 MP3 파일 구성

단어
중국어–우리말 듣기 → (한 단어씩) 따라 읽기 → 우리말 듣고 중국어로 말하기

⬇

맛있는 회화
중국어 듣기 → (한 문장씩) 따라 읽기 → 우리말 듣고 중국어로 말하기

⬇

맛있는 문장 연습
중국어 듣기 → (한 문장씩) 따라 읽기 → 우리말 듣고 중국어로 말하기

⬇

그림 보고 말하기
중국어 듣기 → (한 문장씩) 따라 읽기

	본책		트레이닝 듣기		워크북
	단어 카드	▶	암기 동영상		복습용 워크시트

WEEK 01

Day 01	Day 02	Day 03	Day 04	Day 05
월 일	월 일	월 일	월 일	월 일
17~22쪽	23~32쪽	33~42쪽	43~52쪽	53~62쪽
0과	1과	2과	3과	4과
	2~5쪽	6~9쪽	10~13쪽	14~17쪽
	▶	▶	▶	▶
	1과	2과	3과	4과

WEEK 02

Day 06	Day 07	Day 08	Day 09	Day 10
월 일	월 일	월 일	월 일	월 일
63~72쪽	73~82쪽	83~92쪽	93~102쪽	
5과	6과	7과	8과	
18~21쪽	22~25쪽	26~29쪽	30~33쪽	1~8과 내용 복습
▶	▶	▶	▶	
5과	6과	7과	8과	

WEEK 03

Day 11	Day 12	Day 13	Day 14	Day 15
월 일	월 일	월 일	월 일	월 일
103~112쪽	113~122쪽	123~132쪽	133~142쪽	143~152쪽
9과	10과	11과	12과	13과
34~37쪽	38~41쪽	42~45쪽	46~49쪽	50~53쪽
9과	10과	11과	12과	13과

WEEK 04

Day 16	Day 17	Day 18	Day 19	Day 20
월 일	월 일	월 일	월 일	월 일
153~162쪽	163~172쪽	173~182쪽		
14과	15과	16과		
54~57쪽	58~61쪽	62~65쪽	9~16과 내용 복습	핵심 문장 카드 + 종합 평가
14과	15과	16과		

大家好!

여러분, 안녕하세요!

저는 베이징에서 어학 연수를 하고 있는
이동민(李东民 Lǐ Dōngmín)이라고 합니다.
중국에서 샤오잉(小英 Xiǎoyīng)도 다시 만나고,
안나(安娜 Ānnà)라는 새 친구도 사귀게 되었어요.
조금은 낯설지만 베이징 생활은 정말 즐겁고 신나요!
여러분도 저와 함께 재미있게 중국어 공부를 시작해 보아요!

일러두기

◆ 품사 약어표

품사명	약어	품사명	약어	품사명	약어
명사	명	고유명사	고유	조동사	조동
동사	동	인칭대사	대	접속사	접
형용사	형	의문대사	대	감탄사	감탄
부사	부	지시대사	대	접두사	접두
수사	수	어기조사	조	접미사	접미
양사	양	동태조사	조		
개사	개	구조조사	조		

◆ 고유명사 표기

① 중국의 지명, 기관 등의 명칭은 중국어 발음을 우리말로 표기하는 것을 원칙으로 했습니다.
단, 우리에게 한자 독음으로 잘 알려진 고유명사는 한자 독음으로 표기했습니다.

예 北京 Běijīng 베이징   万里长城 Wànlǐ Chángchéng 만리장성

② 인명은 각 나라에서 실제로 읽히는 발음을 우리말로 표기했습니다.

예 李东民 Lǐ Dōngmín 이동민   张小英 Zhāng Xiǎoyīng 장샤오잉   安娜 Ānnà 안나

START!

0과

1단계
복습

트레이닝 듣기

Track00과

1 인칭대사

	단수	복수
1인칭	我 wǒ 나	我们 wǒmen 우리들
2인칭	你 nǐ 너 | 您 nín 당신[你의 존칭]	你们 nǐmen 너희들, 당신들[您们(×)]
3인칭	他 tā 그	他们 tāmen 그들
	她 tā 그녀	她们 tāmen 그녀들
	它 tā 그것[사람 이외의 것]	它们 tāmen 그것들

2 지시대사

구분	근칭	중칭·원칭	의문칭
사람/사물	这 zhè 이(것)	那 nà 그(것), 저(것)	哪 nǎ 어느
	这个 zhège 이것	那个 nàge 그것, 저것	哪个 nǎge 어느 것
장소	这儿 zhèr 여기, 이곳	那儿 nàr 거기, 저기, 그곳, 저곳	哪儿 nǎr 어디

3 숫자

1, 하나	2, 둘	3, 셋	4, 넷	5, 다섯	6, 여섯	7, 일곱	8, 여덟	9, 아홉	10, 열
一 yī	二 èr	三 sān	四 sì	五 wǔ	六 liù	七 qī	八 bā	九 jiǔ	十 shí

4 의문대사

누구	무엇, 어떤	어디, 어느 곳	어떠하다
谁 shéi(shuí)	什么 shénme	哪儿 nǎr	怎么样 zěnmeyàng

5 양사

杯 bēi	잔, 컵	本 běn	권[책 등 서적류]
瓶 píng	병	件 jiàn	벌, 가지[옷이나 사건 등]
碗 wǎn	공기, 그릇	双 shuāng	쌍, 켤레
支 zhī	자루[가늘고 긴 것]	个 gè	개, 명

6 형용사술어문

긍정문	주어 + 형용사	他很忙。Tā hěn máng. 그는 바빠요.
부정문	주어 + 不 + 형용사	他不忙。Tā bù máng. 그는 바쁘지 않아요.
의문문	주어 + 형용사 + 吗?	他忙吗? Tā máng ma? 그는 바빠요?

7 동사술어문

긍정문	주어 + 동사 + 목적어	我学汉语。Wǒ xué Hànyǔ. 나는 중국어를 배워요.
부정문	주어 + 不 + 동사 + 목적어	我不学汉语。Wǒ bù xué Hànyǔ. 나는 중국어를 배우지 않아요.
의문문	주어 + 동사 + 목적어 + 吗?	你学汉语吗? Nǐ xué Hànyǔ ma? 당신은 중국어를 배워요?

8 是자문

긍정문	주어 + 是 + 목적어	我是学生。Wǒ shì xuésheng. 나는 학생이에요.
부정문	주어 + 不是 + 목적어	我不是学生。Wǒ bú shì xuésheng. 나는 학생이 아니에요.
의문문	주어 + 是 + 목적어 + 吗?	你是学生吗? Nǐ shì xuésheng ma? 당신은 학생이에요?

9 有자문

긍정문	주어 + 有 + 목적어	我有铅笔。Wǒ yǒu qiānbǐ. 나는 연필이 있어요.
부정문	주어 + 没有 + 목적어	我没有铅笔。Wǒ méiyǒu qiānbǐ. 나는 연필이 없어요.
의문문	주어 + 有 + 목적어 + 吗?	你有铅笔吗? Nǐ yǒu qiānbǐ ma? 당신은 연필이 있어요?

♦ 표시된 부분을 제시된 단어로 교체 연습을 하며 1단계의 주요 회화를 복습해 보세요.

1 인사하기

Track00-01

你好!   안녕하세요!
Nǐ hǎo!

你们 nǐmen 너희들

大家 dàjiā 여러분

您 nín 당신

2 상태 말하기

Track00-02

A 你忙吗?   당신은 바빠요?
  Nǐ máng ma?

B 我很忙。 / 我不忙。   나는 바빠요. / 나는 바쁘지 않아요.
  Wǒ hěn máng.   Wǒ bù máng.

累 lèi 피곤하다

饿 è 배고프다

渴 kě 목마르다

3 신분 말하기

A 你是学生吗?   당신은 학생이에요?
Nǐ shì xuésheng ma?

B 是，我是学生。 / 不是，我不是学生。
Shì, wǒ shì xuésheng.   Bú shì, wǒ bú shì xuésheng.
네, 나는 학생이에요.   아니요, 나는 학생이 아니에요.

❶
老师 lǎoshī 선생님

❷
医生 yīshēng 의사

❸
公司职员 gōngsī zhíyuán 회사원

4 장소 말하기

A 你去哪儿?   당신은 어디 가요?
Nǐ qù nǎr?

B 我去咖啡店。   나는 카페에 가요.
Wǒ qù kāfēidiàn.

❶
图书馆 túshūguǎn 도서관

❷
医院 yīyuàn 병원

❸
公司 gōngsī 회사

5 시간 말하기

Track00-05

A 现在几点?   지금 몇 시예요?
Xiànzài jǐ diǎn?

B 现在三点。   지금은 3시예요.
Xiànzài sān diǎn.

①   ②   ③

6 주문하기

Track00-06

我要两个汉堡包。 햄버거 두 개 주세요.
Wǒ yào liǎng ge hànbǎobāo.

①   ②   ③

本 běn 권 / 书 shū 책   杯 bēi 잔, 컵 / 咖啡 kāfēi 커피   件 jiàn 벌 / 衣服 yīfu 옷

START!

你叫什么名字?

Nǐ jiào shénme míngzi?

당신의 이름은 무엇인가요?

트레이닝 듣기

Track01과

학습 포인트

- ▶ **표현** 이름 묻고 답하기
- ▶ **어법** 이름을 묻는 표현 | 认识你，很高兴
- ▶ **단어** 성씨

 你好！ 您贵❶姓？
Nǐ hǎo!　　Nín guìxìng?

 我姓❷李，叫李东民。
Wǒ xìng Lǐ, jiào Lǐ Dōngmín.

你叫什么名字？
Nǐ jiào shénme míngzi?

 我叫安娜。
Wǒ jiào Ānnà.

 认识你，很高兴。
Rènshi nǐ, hěn gāoxìng.

Track01-02

□□	贵姓	guìxìng	몡 성씨[존칭]
□□	姓	xìng	몡 성씨 동 성이 ~이다
□□	叫	jiào	동 ~라고 부르다
□□	名字	míngzi	몡 이름
□□	认识	rènshi	동 알다, 인식하다
□□	高兴	gāoxìng	형 기쁘다, 즐겁다
□□	李	Lǐ	고유 이[성씨]

플러스 TIP

❶ 贵는 형용사로 '비싸다', '귀하다'라는 뜻이에요. 우리말의 '귀사(貴社)', '귀교(貴校)'처럼 일부 단어 앞에 쓰여 존경의 뜻을 나타내요.
❷ 이때 姓은 '성이 ~이다'라는 뜻의 동사로 쓰였어요.

◆ 우리말 해석을 확인해 보세요. ◆

안나　안녕! 너의 성은 뭐니?

동민　나는 이씨고, 이동민이라고 해.
　　　너는 이름이 뭐니?

안나　나는 안나라고 해.

동민　만나서 반가워.

1 이름을 묻는 표현

상대방의 이름을 물어보는 표현에는 두 가지가 있습니다. 윗사람이나 처음 만난 사람에게 예의 바르게 상대방의 성씨를 물어볼 때는 '您贵姓?'을 씁니다. 이것은 우리말의 '성함이 어떻게 되십니까?' 정도에 해당되는 예의 바른 표현입니다. 대답할 때는 贵를 빼고 '我姓(성씨)。'라고 합니다. 제3자의 성씨를 물어볼 때는 贵를 빼고 '他姓什么?'라고 합니다.

A 您贵姓?   당신은 성함이 어떻게 되십니까?
　Nín guìxìng?

B 我姓李，叫李东民。 저는 이씨고, 이동민이라고 합니다.
　Wǒ xìng Lǐ, jiào Lǐ Dōngmín.

또 다른 표현으로는 '你叫什么名字?'가 있습니다. '당신의 이름은 무엇입니까?'라는 표현으로, 윗사람이 아랫사람에게 또는 동년배끼리 상대방의 이름을 물어볼 때 사용합니다.

A 他叫什么名字?   그의 이름은 뭐예요?
　Tā jiào shénme míngzi?

B 他叫王明。   그는 왕밍이라고 해요.
　Tā jiào Wáng Míng.

TIP 친한 사이일 경우에는 성씨 앞에 老(lǎo) 또는 小(xiǎo)를 붙여 부를 수 있습니다. 자신보다 나이가 많은 경우에는 老, 자신보다 나이가 어린 경우에는 小를 씁니다.
　예 老王 Lǎo Wáng 왕씨, 왕 형   小李 Xiǎo Lǐ 이 군, 이 양

확인체크

♦ 다음 대답에 알맞은 질문을 쓰세요.

❶ A ＿＿＿＿＿＿＿＿？   ❷ A ＿＿＿＿＿＿＿＿？

　B 我叫李明明。   B 她姓王。

◆ 주요 성씨

김	이	박	최	정	강	조	장
金 Jīn	李 Lǐ	朴 Piáo	崔 Cuī	郑 Zhèng	姜 Jiāng	赵 Zhào	张 Zhāng

2 认识你，很高兴

'당신을 알게 되어 매우 기쁩니다', '만나서 반갑습니다'라는 뜻으로, 처음 만난 사람에게 하는 인사말입니다. 이와 비슷한 표현으로 '见到你，很高兴。(Jiàndào nǐ, hěn gāoxìng. 당신을 만나게 되어 기쁩니다.)'이 있습니다.

서로 아는 사이에는 다양한 표현을 써서 인사할 수 있습니다.

你最近好吗？ 요즘 잘 지내요?
Nǐ zuìjìn hǎo ma?

你最近怎么样？ 요즘 어때요?
Nǐ zuìjìn zěnmeyàng?

이때 '还可以。(Hái kěyǐ. 그런대로 괜찮아요.)', '很好。(Hěn hǎo. 잘 지내요.)' 등으로 대답할 수 있습니다.

단어 王明 Wáng Míng 고유 왕밍[인명] | 老 lǎo 접두 성씨 앞에 쓰여 친근함이나 존중을 나타냄 형 늙다 | 小 xiǎo 접두 성씨 앞에 쓰여 친근함을 나타냄 형 작다 | 最近 zuìjìn 명 요즘, 최근

♦ 다음 문장을 따라 읽으며 중국어의 문장 구조를 익혀 보세요.

1

他姓什么?   Tā xìng shénme?

他姓王。   Tā xìng Wáng.

她姓李吗?   Tā xìng Lǐ ma?

她姓金，不姓李。   Tā xìng Jīn, bú xìng Lǐ.

2

你叫什么名字?   Nǐ jiào shénme míngzi?

我叫张小英。   Wǒ jiào Zhāng Xiǎoyīng.

他叫什么名字?   Tā jiào shénme míngzi?

他叫李东民。   Tā jiào Lǐ Dōngmín.

3

你最近好吗?   Nǐ zuìjìn hǎo ma?

我很好。   Wǒ hěn hǎo.

你最近忙吗?   Nǐ zuìjìn máng ma?

我非常忙。   Wǒ fēicháng máng.

Track01-04

◆ 다음 그림을 보고 보기 와 같이 문장을 만들어 보세요.

보기

他姓 李 ，叫 李东民 。
Tā xìng Lǐ, jiào Lǐ Dōngmín.
그는 이씨이고, 이동민이라고 합니다.

李东民

1

王龙龙

他姓_____，叫_____。
Tā xìng   jiào

2

安娜怀特

她姓_____，叫_____。
Tā xìng   jiào

3

张小英

她姓_____，叫_____。
Tā xìng   jiào

4

马克吐温

他姓_____，叫_____。
Tā xìng   jiào

힌트 王龙龙 Wáng Lónglóng 고유 왕룽룽[인명] | 安娜怀特 Ānnà Huáitè 고유 안나 화이트[인명] |
马克吐温 Mǎkè Tǔwēn 고유 마크 트웨인[인명]

1 다음 보기 중에서 빈칸에 들어갈 알맞은 단어를 고르세요.

> | 보기 | | | | |
> |---|---|---|---|---|
> | | 叫 | 怎么样 | 姓 | 贵 |

❶ 你最近_____?

❷ 您_____姓?

❸ 她_____什么名字?

❹ 我_____张。

2 녹음을 듣고 질문에 답하세요.

Track01-05

❶ _____

❷ _____

❸ _____

3 다음 문장에 알맞은 대답을 고르세요.

❶ 您贵姓? ☐   A 认识你，我也很高兴。

❷ 认识你，很高兴。 ☐   B 我姓王，叫王明。

❸ 你最近好吗? ☐   C 还可以。

4 다음 문장을 중국어로 써보세요.

① 그의 성은 무엇입니까?

➡ _____

② 당신을 알게 되어 매우 기쁩니다.

➡ _____

③ 나는 김씨입니다.

➡ _____

④ 나는 요즘 잘 지냅니다.

➡ _____

5 본문의 회화를 참고하여, 다음 대화를 완성하세요.

你好! 您 _____?
Nǐ hǎo! Nín _____?

我 _____ 李, _____ 李东民。
Wǒ _____ Lǐ, _____ Lǐ Dōngmín.

你 _____?
Nǐ _____?

我叫安娜。
Wǒ jiào Ānnà.

중국에서 제일 많은 성씨는?

'중국에서 왕서방 찾기'라는 말이 있죠? 그만큼 중국에는 왕씨 성을 가진 사람이 많다는 뜻이죠. 14억 명이 살고 있는 중국에는 정말 다양한 성씨가 있는데, 약 4,700여 개의 성씨가 존재한다고 해요. 우리나라 성씨는 김(金)-이(李)-박(朴)-최(崔)-정(鄭) 순으로 많은데, 중국에서 가장 많은 성씨는 뭘까요?

2020년 초에 공안부 호적관리 연구센터에서 발표한 자료에 따르면 중국의 성씨는 王(Wáng)-李(Lǐ)-张(Zhāng)-刘(Liú)-陈(Chén) 순으로 많은데, 왕(王)씨는 1억 150만 명으로 중국 전체 인구 중 7.27%를 차지해요. 그다음으로 리(李)씨는 1억 90만 명, 장(张)씨는 9,540만 명이에요. '어디에나 있는 평범한 사람들'을 뜻하는 성어 张三李四(Zhāng sān Lǐ sì)에도 이씨와 장씨가 등장하죠.

중국에는 희귀성이 2,800여 개나 되는데, 东门(Dōngmén), 西门(Xīmén) 같이 방향을 나타내는 단어가 들어간 성씨도 있고, 第五(Dìwǔ) 같이 숫자를 사용한 성씨도 있어요.

◆ 중국의 10대 성씨

(단위 : 만 명)

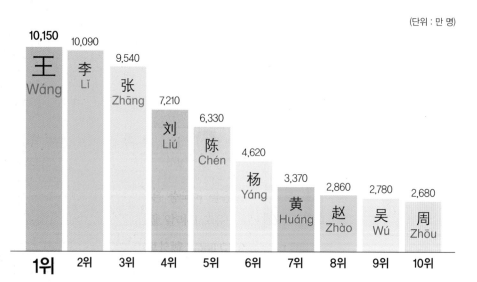

START!

你是哪国人?

Nǐ shì nǎ guó rén?

당신은 어느 나라 사람이에요?

트레이닝 듣기

Track02과

학습 포인트

▶ **표현** 국적 묻고 답하기
▶ **어법** 인사 표현 ๒ ┃ 국적을 묻는 표현
▶ **단어** 국가

老师早！ 这是❶我的朋友❷，安娜。
Lǎoshī zǎo!　　Zhè shì wǒ de péngyou, Ānnà.

您好！ 认识您，很高兴。
Nín hǎo!　　Rènshi nín, hěn gāoxìng.

你好！ 你是哪国人？
Nǐ hǎo!　　Nǐ shì nǎ guó rén?

我是美国人。
Wǒ shì Měiguórén.

Track02-02

□□ 早	zǎo	형 안녕하세요[아침 인사]
□□ 哪	nǎ	대 어느
□□ 国	guó	명 나라
□□ 人	rén	명 사람
□□ 美国	Měiguó	고유 미국

플러스 **TIP**

❶ '这是…'는 '이쪽은 ~'이라는 뜻으로, 다른 사람에게 누군가를 소개할 때 쓰는 표현이에요. '저쪽은 ~'이라는 표현은 '那是…'를 써요.

❷ 我的朋友에서 的를 생략하여 我朋友라고도 말할 수 있어요.

◆ 우리말 해석을 확인해 보세요. ◆

동민 선생님, 안녕하세요! 이쪽은 제 친구 안나예요.

안나 안녕하세요! 선생님을 알게 되어 기뻐요.

선생님 안녕하세요! 어느 나라 사람이에요?

안나 저는 미국인이에요.

1 인사 표현 早

早는 '아침' 혹은 '이르다'라는 뜻으로, 아침 인사로도 쓰입니다.

♦ **시간에 따른 다양한 인사 표현**

아침	早上好! Zǎoshang hǎo! 안녕하세요!
	(你)早! (Nǐ) zǎo! 안녕하세요!
	早安! Zǎo'ān! 밤새 안녕하셨어요?, 안녕히 주무셨어요?
점심	中午好! Zhōngwǔ hǎo! 안녕하세요! ｜ 午安! Wǔ'ān! 안녕하세요!
저녁	晚上好! Wǎnshang hǎo! 안녕하세요!
자기 전	晚安! Wǎn'ān! 안녕히 주무세요!, 편안한 밤 되세요!
헤어질 때	再见! Zàijiàn! 다시 만나요!
	明天见! Míngtiān jiàn! 내일 만나요!

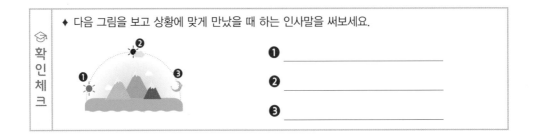

확인체크

♦ 다음 그림을 보고 상황에 맞게 만났을 때 하는 인사말을 써보세요.

❶ _____

❷ _____

❸ _____

2 국적을 묻는 표현

국적을 물을 때는 '어느'라는 뜻의 의문대사 哪를 사용하여 '你是哪国人?'이라는 표현을 씁니다. 대답할 때는 '我是(국가명)人。'이라고 합니다.

A 你是哪国人? 당신은 어느 나라 사람이에요?
　 Nǐ shì nǎ guó rén?

B 我是韩国人。 나는 한국인이에요.
　 Wǒ shì Hánguórén.

TIP 출신 지역을 물을 때는 '你是哪里人?'이라고 합니다.

예 A 你是哪里人?　당신은 어느 지역 사람이에요?(당신은 어디 출신이에요?)
　　Nǐ shì nǎli rén?

　B 我是北京人。　나는 베이징 사람이에요.(나는 베이징 출신이에요.)
　　Wǒ shì Běijīng rén.

♦ 플러스 단어 - 국가

Track02-03

韩国 Hánguó 한국

中国 Zhōngguó 중국

日本 Rìběn 일본

美国 Měiguó 미국

英国 Yīngguó 영국

法国 Fǎguó 프랑스

德国 Déguó 독일

西班牙 Xībānyá 스페인

加拿大 Jiānádà 캐나다

俄罗斯 Éluósī 러시아

泰国 Tàiguó 태국

印度 Yìndù 인도

단어 早上 zǎoshang 명 아침 ┃ 中午 zhōngwǔ 명 정오 ┃ 晚上 wǎnshang 명 저녁 ┃
明天 míngtiān 명 내일 ┃ 哪里 nǎli 대 어디, 어느 곳 ┃ 北京 Běijīng 고유 베이징, 북경

2과 你是哪国人?　**37**

◆ 다음 문장을 따라 읽으며 중국어의 문장 구조를 익혀 보세요.

1 她是谁?   Tā shì shéi?

这是我的同事。   Zhè shì wǒ de tóngshì.

他是谁?   Tā shì shéi?

那是我的同学。   Nà shì wǒ de tóngxué.

2 你是哪国人?   Nǐ shì nǎ guó rén?

我是韩国人。   Wǒ shì Hánguórén.

你是中国人吗?   Nǐ shì Zhōngguórén ma?

我不是中国人，我是日本人。   Wǒ bú shì Zhōngguórén, wǒ shì Rìběnrén.

3 你是哪里人?   Nǐ shì nǎli rén?

我是北京人。   Wǒ shì Běijīng rén.

你们是不是上海人?   Nǐmen shì bu shì Shànghǎi rén?

我是上海人，他是北京人。   Wǒ shì Shànghǎi rén, tā shì Běijīng rén.

단어 同事 tóngshì 몡 동료 | 上海 Shànghǎi 고유 상하이, 상해

♦ 다음 그림을 보고 보기 와 같이 문장을 만들어 보세요.

보기

她是 韩国人 。
Tā shì Hánguórén.
그녀는 한국인입니다.

1

他是_____。
Tā shì

2

她是_____。
Tā shì

3

她是_____。
Tā shì

4

他是_____。
Tā shì

1 보기의 의문대사를 사용하여 다음 문장에 대한 질문을 만들어 보세요.

> 보기
>
> 什么　　哪　　谁　　怎么样

❶ 我叫李东民。　　➡ _____

❷ 我最近很好。　　➡ _____

❸ 我的老师是韩国人。　➡ _____

❹ 他是我的朋友。　　➡ _____

Track02-06

2 녹음을 듣고 내용이 일치하는 것끼리 연결하세요.

❶ 我　　・　　　　　　　・ A 中国人

❷ 他　　・　　　　　　　・ B 德国人

❸ 王老师　・　　　　　　・ C 日本人

❹ 马克　・　　　　　　　・ D 加拿大人

3 다음 문장에 알맞은 대답을 고르세요.

❶ 你是中国人吗?　　　　A 你早!

❷ 她是谁?　　　　　　　B 这是我的朋友，小英。

❸ 早上好!　　　　　　　C 不，我是韩国人。

4 다음 문장을 중국어로 써보세요.

① 당신은 어느 나라 사람입니까?

➡ _____

② 그는 미국인이 아니라 영국인입니다.

➡ _____

③ 저쪽은 제 동료입니다.

➡ _____

④ 이쪽은 저희 어머니입니다.

➡ _____

5 본문의 회화를 참고하여, 다음 대화를 완성하세요.

_____! 这是我的朋友，安娜。
_____! Zhè shì wǒ de péngyou, Ānnà.

您好！认识您，很高兴。
Nín hǎo! Rènshi nín, hěn gāoxìng.

你好！你是 _____？
Nǐ hǎo! Nǐ shì _____?

我是 _____。
Wǒ shì _____.

적재적소에 쓰는 중국어 호칭

누군가에게 길을 묻거나 식당에 가서 종업원을 부를 때 어떤 호칭을 사용해야 할지 몰라 당황할 때가 있죠. 우리는 모르는 사람을 부를 때 '아저씨', '아가씨', '아줌마', '학생', '어르신', 심지어는 '저기요' 등 여러 가지 호칭을 쓰는데, 중국인들은 어떤 호칭을 쓸까요?

가장 보편적으로 쓰는 것이 先生(xiānsheng)과 小姐(xiǎojiě)예요. 先生은 '선생', '~씨'라는 뜻으로 성인 남성에게 사용하는 존칭어예요. 여성에게는 '아가씨'라는 뜻의 小姐를 쓰는데, 일부 지역에서는 안 좋은 의미로 여겨지니 호칭 앞에 성씨를 붙이는 것이 좋아요. 또 사회적 지위가 있는 여성을 부를 때는 女士(nǚshì 여사, 숙녀)를 쓰면 돼요.

师傅(shīfu)는 어떤 방면에 유능한 기술을 가지고 있는 사람에게 쓰는데, 예를 들면 택시 기사를 부를 때 쓸 수 있죠.

이 외에도 종업원을 부를 때는 服务员(fúwùyuán)을 쓰고 어린아이에게는 小朋友(xiǎopéngyou)라고 부르고 중년의 아줌마나 아저씨를 부를 때는 大姐(dàjiě 큰누나, 큰언니), 大哥(dàgē 큰형, 큰오빠)를 써요.

택시 기사를 부를 때는
师傅

종업원을 부를 때는
服务员

어린아이를 부를 때는
小朋友

START!

3과

你家有几口人?

Nǐ jiā yǒu jǐ kǒu rén?

당신의 가족은 몇 명이에요?

트레이닝 듣기

Track03과

학습 포인트

▶ **표현** 가족 수와 구성원 묻고 답하기

▶ **어법** 가족 수를 묻는 표현 | 주술술어문

▶ **단어** 가족

너희 가족은
몇 명이야?

你家有几口❶人?

Nǐ jiā yǒu jǐ kǒu rén?

我家有四口人,

Wǒ jiā yǒu sì kǒu rén,

爸爸、妈妈、哥哥和我。

bàba、māma、gēge hé wǒ.

你爸爸、妈妈身体好吗?

Nǐ bàba、māma shēntǐ hǎo ma?

他们都很好。❷

Tāmen dōu hěn hǎo.

□□	家	jiā	몡 집, 가정
□□	几	jǐ	때 몇[10 미만의 수를 물을 때 쓰임]
□□	口	kǒu	앵 식구[가족 수를 세는 단위]
□□	和	hé	젭 ~와/과
□□	身体	shēntǐ	몡 신체, 건강

플러스 **TIP**

❶ 일반적으로 사람을 셀 때는 양사 个를 쓰지만, 가족 수를 셀 때는 口를 써요. 가족이 두 명일 경우에는 两口人이라고 해요.

❷ '他们身体都很好。'라고 대답할 수도 있어요.

◆ 우리말 해석을 확인해 보세요. ◆

동민   너희 가족은 몇 명이야?

안나   우리 가족은 네 명이야. 아빠, 엄마, 오빠 그리고 나.

동민   너희 아빠, 엄마는 건강하시니?

안나   그들은 모두 건강하셔.

1 가족 수를 묻는 표현

중국어에서 가족 수를 물을 때는 '你家有几口人?'이라는 표현을 씁니다. 여기서 口(kǒu)는 '식구'라는 뜻으로 가족 수를 셀 때 쓰는 양사입니다.

A 你家有几口人?
Nǐ jiā yǒu jǐ kǒu rén?
당신 집에는 식구가 몇 명 있어요?(당신의 가족은 몇 명이에요?)

B 我家有五口人。
Wǒ jiā yǒu wǔ kǒu rén.
우리 집에는 다섯 식구가 있어요.(우리 집은 다섯 식구예요.)

가족을 구성하고 있는 구성원에 대해 물을 때는 '你家有什么人?'이라는 표현을 씁니다. 앞 문장에서 언급한 주어를 생략하고 간단하게 '都有什么人?'이라고 물어도 됩니다.

A 你家都有什么人?
Nǐ jiā dōu yǒu shénme rén?
당신 집에는 모두 어떤 사람들이 있어요?

B 有爸爸、妈妈、哥哥和我。
Yǒu bàba、māma、gēge hé wǒ.
아빠, 엄마, 형(오빠) 그리고 제가 있어요.

2 주술술어문

우리말의 '코끼리는 코가 길다', '그는 키가 크다'처럼 술어 부분이 「주어+술어」로 이루어져 있는 문장을 '주술술어문'이라고 합니다.

주어 술어(주어+술어)
他 个子很高。
Tā gèzi hěn gāo.
그는 키가 커요.

주어 술어(주어+술어)
我 工作不太忙。
Wǒ gōngzuò bú tài máng.
나는 일이 그다지 바쁘지 않아요.

> 🎓 확인 체크
>
> ♦ 다음 문장에서 술어 부분을 찾아 표시한 후, 문장을 해석해 보세요.
>
> ❶ 你身体好不好? ➡ _____
>
> ❷ 她眼睛很好看。 ➡ _____

◆ 플러스 단어 - 가족

爷爷 yéye 할아버지

奶奶 nǎinai 할머니

外公 wàigōng 외할아버지

外婆 wàipó 외할머니

爸爸 bàba 아빠

丈夫 zhàngfu 남편

妈妈 māma 엄마

妻子 qīzi 아내

哥哥 gēge 형, 오빠

姐姐 jiějie 누나, 언니

我 wǒ 나

弟弟 dìdi 남동생

妹妹 mèimei 여동생

孩子 háizi 아이, 자녀
女儿 nǚ'ér 딸 | 儿子 érzi 아들

단어 个子 gèzi 명 키 | 工作 gōngzuò 명 일 동 일하다

3과 你家有几口人? **47**

♦ 다음 문장을 따라 읽으며 중국어의 문장 구조를 익혀 보세요.

1

你家有几口人?　　　　Nǐ jiā yǒu jǐ kǒu rén?

我家有三口人。　　　　Wǒ jiā yǒu sān kǒu rén.

你家有什么人?　　　　Nǐ jiā yǒu shénme rén?

爸爸、妈妈和我。　　　Bàba、māma hé wǒ.

2

你家有几口人?　　　　Nǐ jiā yǒu jǐ kǒu rén?

四口人。　　　　　　　Sì kǒu rén.

都有什么人?　　　　　Dōu yǒu shénme rén?

丈夫、两个儿子和我。　Zhàngfu、liǎng ge érzi hé wǒ.

3

你有兄弟姐妹吗?　　　Nǐ yǒu xiōngdì jiěmèi ma?

我没有兄弟姐妹。　　　Wǒ méiyǒu xiōngdì jiěmèi.

你有孩子吗?　　　　　Nǐ yǒu háizi ma?

我有一个儿子。　　　　Wǒ yǒu yí ge érzi.

단어　兄弟姐妹 xiōngdì jiěmèi 몡 형제자매

48　맛있는 중국어 Level ❷

Track03-05

♦ 다음 그림을 보고 질문에 답해 보세요.

1

❶ 你家有几口人?
　Nǐ jiā yǒu jǐ kǒu rén?

　➡ _____。

❷ 你爸爸身体好吗?
　Nǐ bàba shēntǐ hǎo ma?

　➡ _____。

2

❶ 她家有几口人?
　Tā jiā yǒu jǐ kǒu rén?

　➡ _____。

❷ 都有什么人?
　Dōu yǒu shénme rén?

　➡ _____。

3

❶ 他有没有孩子?
　Tā yǒu méiyǒu háizi?

　➡ _____。

❷ 他有几个孩子?
　Tā yǒu jǐ ge háizi?

　➡ _____。

4

❶ 你有兄弟姐妹吗?
　Nǐ yǒu xiōngdì jiěmèi ma?

　➡ _____。

1 본문의 회화 내용에 근거하여 빈칸을 채워 보세요.

❶ 我家有＿＿＿＿＿人。爸爸、＿＿＿＿＿、＿＿＿＿＿和我。

❷ 爸爸、妈妈＿＿＿＿＿都很好。

2 녹음을 듣고 다음 회화를 완성해 보세요.

Track03-06

❶ A 你工作忙吗？

B ＿＿＿＿＿＿＿＿＿＿＿＿。

A 他呢？

B ＿＿＿＿＿＿＿＿＿＿＿＿。

❷ A 他家有几口人？

B ＿＿＿＿＿＿＿＿＿＿＿＿。

A 他有哥哥吗？

B ＿＿＿＿＿＿＿＿＿＿＿＿。

3 다음 문장에 알맞은 대답을 고르세요.

❶ 你有兄弟姐妹吗？　　　　　A 我家有三口人。

❷ 你身体好吗？　　　　　B 我有一个弟弟。

❸ 你家有几口人？　　　　　C 我身体很好。

4 다음 문장을 중국어로 써보세요.

① 우리 집은 다섯 식구입니다.

➡ _____

② 당신 어머니는 건강하세요?

➡ _____

③ 나는 일이 그다지 바쁘지 않습니다.

➡ _____

④ 나는 여동생이 한 명 있습니다.

➡ _____

5 본문의 회화를 참고하여, 다음 대화를 완성하세요.

你家 _____?
Nǐ jiā _____?

我家 _____,
Wǒ jiā _____,

爸爸、妈妈、哥哥和我。
bàba、māma、gēge hé wǒ.

你爸爸、妈妈 _____?
Nǐ bàba、māma _____?

他们都很好。
Tāmen dōu hěn hǎo.

한 자녀 정책이 사라진 중국

중국은 이전에는 한족에 한해서 한 자녀 정책을 실시했어요. 한 자녀 정책은 1979년부터 실시한 산아 제한 정책인데, 자녀가 한 명이다 보니 아이가 너무 소중해서 황제처럼 모시고 아껴 '소황제(小皇帝 xiǎohuángdì)'라는 단어까지 등장했죠. 노동 인구가 감소하자 2014년에 부

부 중 한 명이 독자이면 자녀를 두 명까지 낳을 수 있는 '단독 두 자녀 정책'을 도입하면서 한 자녀 정책이 완화되었다가, 인구 고령화와 저출산 문제로 2016년에는 '두 자녀 정책'으로 변경되었어요.

우리나라의 X세대, Y세대, Z세대, MZ세대처럼 세대를 표현하는 단어를 중국에서는 숫자를 사용해서 나타내는데, 80后(bā líng hòu)는 1980~1989년생, 90后(jiǔ líng hòu)는 1990~1999년생, 00后(líng líng hòu)는 2000~2009년생을 말하죠. 80后는 대부분 외동이로 물질적으로 풍요롭게 성장하여 개방적이고 합리적인 사고방식을 가지고 있어요. 90后는 인터넷의 발달과 함께 성장한 세대로 자유롭고 해외 문화에 개방적이며 SNS 사용에 익숙하죠. 00后는 한 자녀 정책이 폐지되기 전에 태어난 마지막 소황제 세대로, 어린 시절에 베이징올림픽을 개최한 강대국 이미지의 중국을 보고 자라 국가에 대한 충성심이 높은 편이고 모바일 사용에 익숙하며 생활 속에서 모바일이 차지하는 비중이 커요.

◆ 가족 관련 단어

独生子 dúshēngzǐ 외동아들	独生女 dúshēngnǚ 외동딸	双胞胎 shuāngbāotāi 쌍둥이	单身族 dānshēnzú 싱글족
尼特族 nítèzú 니트족	啃老族 kěnlǎozú 캥거루족	丁克族 dīngkèzú 딩크족	飞特族 fēitèzú 프리터족

他今年28岁。

Tā jīnnián èrshíbā suì.

그는 올해 28살이에요.

트레이닝 듣기

Track04과

학습 포인트

- ▶ **표현** 나이 묻고 답하기 | 직업 묻고 답하기
- ▶ **어법** 나이를 묻는 표현 | 多+형용사 | 개사 在

你哥哥今年多大?
Nǐ gēge jīnnián duō dà?

他今年28岁。❶
Tā jīnnián èrshíbā suì.

他工作吗?
Tā gōngzuò ma?

工作，他在电视台工作。
Gōngzuò, tā zài diànshìtái gōngzuò.

☐☐	今年	jīnnián	몡 올해
☐☐	多	duō	뿐 얼마나
☐☐	大	dà	혱 (나이가) 많다, (면적 등이) 크다
☐☐	多大	duō dà	(나이가) 얼마인가
☐☐	岁	suì	양 세, 살[나이를 세는 단위]
☐☐	工作	gōngzuò	몡 일 동 일하다
☐☐	在	zài	개 ~에서
☐☐	电视台	diànshìtái	몡 방송국

플러스 **TIP**

❶ '他今年28岁。'는 명사가 술어인 '명사술어문'이에요. 이 문장을 부정문으로 만들 때는 不와 명사 술어 사이에 是를 넣어 '他今年不是28岁。'로 써야 해요.

◆ 우리말 해석을 확인해 보세요. ◆

동민 너희 오빠는 올해 몇 살이니?

안나 올해 28살이야.

동민 그는 일하니?

안나 응, 방송국에서 일해.

1 나이를 묻는 표현

중국어로 나이를 묻는 표현은 대상에 따라 다양합니다.

① 10세 미만의 어린아이에게 물을 때

A 你几岁？　　너는 몇 살이니?
Nǐ jǐ suì?

B 我6岁。　　저는 6살이에요.
Wǒ liù suì.

② 동년배에게 물을 때

A 你多大？　　나이가 어떻게 되세요?
Nǐ duō dà?

B 我24岁。　　나는 24살이에요.
Wǒ èrshísì suì.

③ 연세가 많은 어른에게 물을 때

A 您多大年纪？　연세가 어떻게 되세요?
Nín duō dà niánjì?

B 我70岁。　　일흔이란다.
Wǒ qīshí suì.

> **TIP** 11세 이상의 나이를 말할 경우에는 岁를 생략할 수 있지만, 10세 이하의 나이를 말할 경우에는 岁를 생략할 수 없습니다.

2 多+형용사

「多+단음절 형용사」 형식은 '얼마나 ~하나요?'라는 의미로 정도를 물을 때 사용합니다.

나이	**A** 你多大？ 나이가 어떻게 되세요? Nǐ duō dà?	**B** 三十岁。 30살이에요. Sānshí suì.
키	**A** 你多高？ 키가 몇이에요? Nǐ duō gāo?	**B** 一米八。 1미터 80이에요. Yì mǐ bā.

몸무게	A 你多重? 몸무게가 얼마나 나가나요?	B 六十公斤。 60킬로그램이에요.
	Nǐ duō zhòng?	Liùshí gōngjīn.

> **확인체크**
>
> ♦ 빈칸에 알맞은 형용사를 넣어 다음 대화를 완성하세요.
>
> ❶ A 你多_____?　　　　❷ A 你多_____?
>
> 　B 五十三公斤。　　　　　　　B 一米七。

3 개사 在

개사는 명사나 대사 등과 결합하여 개사구를 이루며, 주로 동사 앞에 쓰여 부사어 역할을 합니다. 개사 在는 '~에서'라는 뜻으로 「在+장소+동사」 형식으로 사용됩니다.

我在首尔。　　　나는 서울에 있어요. [동사]
Wǒ zài Shǒu'ěr.

我在首尔工作。　나는 서울에서 일해요. [개사]
Wǒ zài Shǒu'ěr gōngzuò.

부정문을 만들 때는 개사 앞에 不를 씁니다.

他不在图书馆学习，在咖啡店学习。 그는 도서관에서 공부하지 않고 카페에서 공부해요.
Tā bú zài túshūguǎn xuéxí, zài kāfēidiàn xuéxí.

> **확인체크**
>
> ♦ 제시된 단어를 배열하여 문장을 만드세요.
>
> ❶ 汉语 / 他 / 大学 / 在 / 教　　⇒ _____
>
> ❷ 你 / 学 / 在 / 汉语 / 哪儿　　⇒ _____

단어 年纪 niánjì 몡 연령, 나이 | 米 mǐ 먕 미터(m) | 重 zhòng 혱 무겁다 |
公斤 gōngjīn 먕 킬로그램(kg) | 学习 xuéxí 통 공부하다, 학습하다 | 大学 dàxué 몡 대학

◆ 다음 문장을 따라 읽으며 중국어의 문장 구조를 익혀 보세요.

1

你今年多大？ — Nǐ jīnnián duō dà?

我三十四岁。 — Wǒ sānshísì suì.

你儿子几岁？ — Nǐ érzi jǐ suì?

他今年五岁。 — Tā jīnnián wǔ suì.

2

你做什么工作？ — Nǐ zuò shénme gōngzuò?

我是公务员。 — Wǒ shì gōngwùyuán.

他做什么工作？ — Tā zuò shénme gōngzuò?

他是汉语老师。 — Tā shì Hànyǔ lǎoshī.

3

你在哪儿工作？ — Nǐ zài nǎr gōngzuò?

我不工作，我是学生。 — Wǒ bù gōngzuò, wǒ shì xuésheng.

他在哪儿工作？ — Tā zài nǎr gōngzuò?

他在医院工作，他是医生。 — Tā zài yīyuàn gōngzuò, tā shì yīshēng.

단어 做 zuò 동 하다 | 公务员 gōngwùyuán 명 공무원

Track04-04

◆ 다음 그림을 보고 보기 와 같이 문장을 만들어 보세요.

보기

他今年 <u>二十八岁</u> 。　그는 올해 28살입니다.
Tā jīnnián èrshíbā suì.

他在 <u>电视台工作</u> 。　그는 방송국에서 일합니다.
Tā zài diànshìtái gōngzuò.

他是 <u>电视导演</u> 。　그는 방송국 PD입니다.
Tā shì diànshì dǎoyǎn.

28岁

1

26岁

她今年＿＿＿＿＿＿＿＿＿＿。
Tā jīnnián

她在＿＿＿＿＿＿＿＿＿＿。
Tā zài

2

31岁

他今年＿＿＿＿＿＿＿＿＿＿。
Tā jīnnián

他在＿＿＿＿＿＿＿＿＿＿。
Tā zài

3

20岁

他今年＿＿＿＿＿＿＿＿＿＿。
Tā jīnnián

他是＿＿＿＿＿＿＿＿＿＿。
Tā shì

4

45岁

她今年＿＿＿＿＿＿＿＿＿＿。
Tā jīnnián

她是＿＿＿＿＿＿＿＿＿＿。
Tā shì

단어 电视导演 diànshì dǎoyǎn 몡 방송국 PD | 大学生 dàxuéshēng 몡 대학생

1 녹음을 듣고 내용이 일치하는 것끼리 연결하세요.

Track04-05

① 我 ·　　　　　　　　· A 老师

② 他 ·　　　　　　　　· B 公司职员

③ 小英 ·　　　　　　　· C 医生

④ 王明 ·　　　　　　　· D 学生

2 다음 명함을 보고 질문에 답하세요.

> # 首尔大学医院
>
> 张明　医生
>
> 电话 | 02-567-3860

① 他姓什么?　　　　➡ _____

② 他叫什么名字?　　➡ _____

③ 他在哪儿工作?　　➡ _____

④ 他做什么工作?　　➡ _____

3 다음 문장에 알맞은 대답을 고르세요.

① 你今年几岁?　　　　　A 我七岁。

② 您今年多大年纪?　　　　　　　B 我二十六岁。

③ 你今年多大?　　　　　C 我八十四。

4 다음 문장을 중국어로 써보세요.

① 나는 대학에서 일합니다.

➡ _____

② 나는 중국에서 공부합니다.

➡ _____

③ 그는 선생님이 아니고, 그는 의사입니다.

➡ _____

④ 나는 올해 스무 살입니다.

➡ _____

5 본문의 회화를 참고하여, 다음 대화를 완성하세요.

너희 오빠는 올해 몇 살이니?

你哥哥今年 _____ ?
Nǐ gēge jīnnián _____ ?

他今年28 _____ 。
Tā jīnnián èrshíbā _____ .

他工作吗？
Tā gōngzuò ma?

工作，他在 _____ 。
Gōngzuò, tā zài _____ .

단어 电话 diànhuà 명 전화

公司职员
gōngsī zhíyuán
회사원

厨师
chúshī
요리사

兽医
shòuyī
수의사

科学家
kēxuéjiā
과학자

警察
jǐngchá
경찰

工程师
gōngchéngshī
엔지니어

模特儿
mótèr
모델

咖啡师
kāfēishī
바리스타

油管博主
yóuguǎn bózhǔ
유튜버

START!

5과

你的手机在钱包下边。

Nǐ de shǒujī zài qiánbāo xiàbian.

당신의 핸드폰은 지갑 밑에 있어요.

트레이닝 듣기

Track05과

Track05-01

 我的手机在哪儿?
Wǒ de shǒujī zài nǎr?

你的手机在钱包下边❶。
Nǐ de shǒujī zài qiánbāo xiàbian.

我的钱包呢?❷
Wǒ de qiánbāo ne?

在桌子上边。
Zài zhuōzi shàngbian.

□□	手机	shǒujī	몡 핸드폰
□□	钱包	qiánbāo	몡 지갑
□□	下边(儿)	xiàbian(r)	몡 아래쪽
□□	呢	ne	조 ~는요?
□□	桌子	zhuōzi	몡 탁자, 테이블
□□	上边(儿)	shàngbian(r)	몡 위쪽

플러스 TIP

❶ 下边은 儿을 붙여 下边儿이라고도 해요. 마찬가지로 上边
은 上边儿이라고도 해요.
❷ 이 문장은 앞의 화제를 이어받아 지갑의 위치를 묻는 것으로
'我的钱包在哪儿?'의 의미예요.

◆ 우리말 해석을 확인해 보세요. ◆

샤오잉 내 핸드폰은 어디에 있어?   샤오잉 내 지갑은?
동민   너의 핸드폰은 지갑 밑에 있어.   동민   탁자 위에 있어.

1 여러 가지 방위사

방위를 나타내는 명사를 '방위사'라고 합니다. 단독으로 또는 다른 명사 뒤에 붙어서 쓰입니다.

위쪽	아래쪽	앞쪽	뒤쪽
上边(儿) shàngbian(r)	下边(儿) xiàbian(r)	前边(儿) qiánbian(r)	后边(儿) hòubian(r)
안쪽	바깥쪽	가운데	옆
里边(儿) lǐbian(r)	外边(儿) wàibian(r)	中间 zhōngjiān	旁边(儿) pángbiān(r)
오른쪽	왼쪽	맞은편	
右边(儿) yòubian(r)	左边(儿) zuǒbian(r)	对面 duìmiàn	

🎓 확인 체크

♦ 다음 사진을 보고 방위사를 사용하여 고양이의 위치를 써보세요.

❶ 箱子_____   ❷ 小狗_____   ❸ 桌子_____

2 존재문

어떤 장소에 사람이나 사물이 존재함을 나타내는 문장을 '존재문'이라고 합니다. 동사 在와 有를 써서 나타낼 수 있습니다.

① 在를 사용한 존재문   사람/사물 + 在 + 장소

学校在图书馆旁边。 학교는 도서관 옆에 있어요.
Xuéxiào zài túshūguǎn pángbiān.

단어 箱子 xiāngzi 명 상자 | 小狗 xiǎogǒu 명 강아지 | 眼镜 yǎnjìng 명 안경 |
电影院 diànyǐngyuàn 명 영화관 | 地铁站 dìtiězhàn 명 지하철역

你的眼镜在桌子上边。 당신의 안경은 탁자 위에 있어요.
Nǐ de yǎnjìng zài zhuōzi shàngbian.

② 有를 사용한 존재문   장소 + 有 + 사람/사물

电影院对面有图书馆。 영화관 맞은편에 도서관이 있어요.
Diànyǐngyuàn duìmiàn yǒu túshūguǎn.

医院前边有地铁站。   병원 앞에 지하철역이 있어요.
Yīyuàn qiánbian yǒu dìtiězhàn.

확인체크

♦ 제시된 단어를 배열하여 문장을 만드세요.

❶ 在 / 电影院前边 / 他的女朋友 ⇒ _____

❷ 有 / 银行 / 医院后边   ⇒ _____

---

3 생략형 의문문을 만드는 呢

어기조사 呢는 술어 부분을 다 생략하고 명사 성분 뒤에 바로 붙어 '~는요?'라는 생략형 의문문을 만듭니다. 보통 앞에서 말한 화제를 이어받아 질문할 때 씁니다.

A 我很忙。你呢? (=你忙吗?) 나는 바빠요. 당신은요?
  Wǒ hěn máng. Nǐ ne?

B 我也很忙。   나도 바빠요.
  Wǒ yě hěn máng.

앞에 화제가 없는 경우에는 대상의 위치를 묻습니다.

A 他呢? (=他在哪儿?)   그는요?
  Tā ne?

B 他在图书馆。   그는 도서관에 있어요.
  Tā zài túshūguǎn.

확인체크

♦ 다음 빈칸에 吗 또는 呢를 넣어 문장을 완성하세요.

❶ 这是你的电脑_____?

❷ 你吃水果_____?

❸ 我去中国，你_____?

◆ 다음 문장을 따라 읽으며 중국어의 문장 구조를 익혀 보세요.

1 上边。   Shàngbian.

桌子上边。   Zhuōzi shàngbian.

在桌子上边。   Zài zhuōzi shàngbian.

铅笔在桌子上边。   Qiānbǐ zài zhuōzi shàngbian.

2 前边。   Qiánbian.

我前边。   Wǒ qiánbian.

在我前边。   Zài wǒ qiánbian.

老师在我前边。   Lǎoshī zài wǒ qiánbian.

3 旁边。   Pángbiān.

银行旁边。   Yínháng pángbiān.

在银行旁边。   Zài yínháng pángbiān.

邮局在银行旁边。   Yóujú zài yínháng pángbiān.

단어 邮局 yóujú 명 우체국

Track05-04

♦ 다음 그림을 보고 **보기** 와 같이 문장을 만들어 보세요.

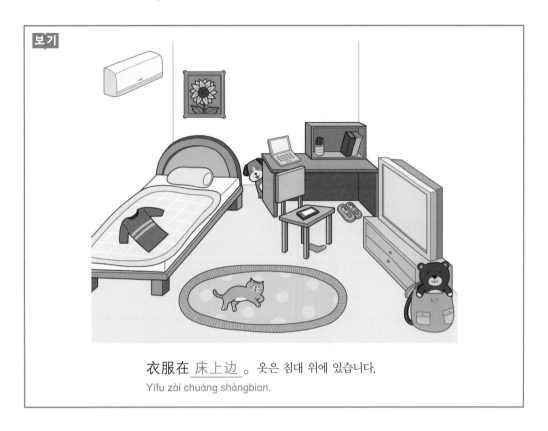

보기

衣服在 <u>床上边</u> 。 옷은 침대 위에 있습니다.
Yīfu zài chuáng shàngbian.

1 袜子在_____。
Wàzi zài

2 书包在_____。
Shūbāo zài

3 娃娃在_____。
Wáwa zài

4 椅子在_____。
Yǐzi zài

5 小狗在_____。
Xiǎogǒu zài

6 鞋在_____。
Xié zài

연습문제

1 녹음을 듣고 내용이 일치하는 것끼리 연결하세요.

Track05-05

① 铅笔 ·   · A 床上边

② 书包 ·   · B 图书馆旁边

③ 书店 ·   · C 学校后边

④ 我家 ·   · D 桌子上边

2 다음 밑줄 친 부분을 보기 와 같이 바꾸세요.

> **보기**
>
> 我很好，你呢? ➡ 你好吗?

① 我喝可乐，你呢? ➡ _____

② 我不去图书馆，我去补习班。你呢? ➡ _____

③ 我的书在这儿，你的书呢? ➡ _____

④ 我没有男朋友，你呢? ➡ _____

3 다음 문장에 알맞은 대답을 고르세요.

① 手机在哪儿? ⬜   A 在电影院对面。

② 我很累。你呢? ⬜   B 手机在床上边。

③ 邮局在哪儿? ⬜   C 我不太累。

4 다음 문장을 중국어로 써보세요.

❶ 내 핸드폰은 책가방 안에 있습니다.

➡ _____

❷ 컵은 테이블 위에 있습니다.

➡ _____

❸ 그는 제 뒤에 있습니다.

➡ _____

❹ 은행은 병원 옆에 있습니다.

➡ _____

5 본문의 회화를 참고하여, 다음 대화를 완성하세요.

내 핸드폰은 어디에 있어?

🙋 我的手机　　　　？
Wǒ de shǒujī _____?

🙆 你的手机　　　　　。
Nǐ de shǒujī _____.

🙋 我的钱包呢?
Wǒ de qiánbāo ne?

🙆 在 _____ 。
Zài _____.

Track05-06

静夜思
Jìng yè sī

李白
Lǐ Bái

床前明月光，
Chuáng qián míngyuè guāng,

疑是地上霜。
yí shì dì shang shuāng.

举头望明月，
Jǔ tóu wàng míngyuè,

低头思故乡。
dī tóu sī gùxiāng.

고요한 밤의 생각

이백

침상 앞 밝은 달빛,

땅에 내린 서리인가.

고개 들어 밝은 달 바라보다,

고개 숙여 고향 생각하네.

START!

6과

你的生日是几月几号?

Nǐ de shēngrì shì jǐ yuè jǐ hào?

당신의 생일은 몇 월 며칠이에요?

트레이닝 듣기

Track06과

학습 포인트

▶ **표현** 날짜 묻고 답하기 | 생일 축하 표현 익히기
▶ **어법** 여러 가지 시간사(1) | 연월일 및 요일 표시법

Track06-01

你的生日是几月几号?
Nǐ de shēngrì shì jǐ yuè jǐ hào?

四月十四号。 你呢?
Sì yuè shísì hào.　　 Nǐ ne?

今天就是我的生日。
Jīntiān jiù shì wǒ de shēngrì.

真的?❶ 祝你生日快乐!❷
Zhēnde?　 Zhù nǐ shēngrì kuàilè!

☐☐ 生日	shēngrì	명	생일
☐☐ 月	yuè	명	월, 달[시간의 단위]
☐☐ 号	hào	명	일[날짜]
☐☐ 今天	jīntiān	명	오늘
☐☐ 真的	zhēnde	부	정말
☐☐ 祝	zhù	동	기원하다, 빌다
☐☐ 快乐	kuàilè	형	즐겁다, 유쾌하다

플러스 **TIP**

❶ '真的?'는 '정말이에요?', '진짜예요?'라는 뜻으로 의외라고 생각되거나 믿기지 않는 상황에서 쓰는 표현이에요. '真的吗?'라고도 말할 수 있어요.

❷ 快乐를 써서 축하하거나 기원하는 표현을 나타낼 수 있어요.
예 周末快乐! 즐거운 주말 보내세요!
　　Zhōumò kuàilè!
　　新年快乐! 새해 복 많이 받으세요!
　　Xīnnián kuàilè!

•周末 zhōumò 명 주말 | 新年 xīnnián 명 신년, 새해

◆ 우리말 해석을 확인해 보세요. ◆

동민　너의 생일은 몇 월 며칠이니?
샤오잉　4월 14일이야. 너는?

동민　오늘이 바로 내 생일이야.
샤오잉　정말? 생일 축하해!

1 여러 가지 시간사(1)

아침	오전	정오	오후	저녁
早上 zǎoshang	上午 shàngwǔ	中午 zhōngwǔ	下午 xiàwǔ	晚上 wǎnshang
그저께	어제	오늘	내일	모레
前天 qiántiān	昨天 zuótiān	今天 jīntiān	明天 míngtiān	后天 hòutiān
재작년	작년	올해	내년	후년
前年 qiánnián	去年 qùnián	今年 jīnnián	明年 míngnián	后年 hòunián

A 你每天早上做什么？ 당신은 매일 아침 뭘 해요?
Nǐ měi tiān zǎoshang zuò shénme?

B 我最近学汉语。   나는 요즘 중국어를 배워요.
Wǒ zuìjìn xué Hànyǔ.

2 연월일 및 요일 표시법

① 중국어로 연도를 읽을 때는 숫자를 하나씩 읽습니다. '년'은 年(nián 해, 년)을 써서 나타냅니다.

1998년 ➡ 一九九八年 yī jiǔ jiǔ bā nián

2021년 ➡ 二零二一年 èr líng èr yī nián

② '월'은 月(yuè)를 써서 나타냅니다.

1월	2월	3월	4월	5월	6월
一月 yī yuè	二月 èr yuè	三月 sān yuè	四月 sì yuè	五月 wǔ yuè	六月 liù yuè
7월	8월	9월	10월	11월	12월
七月 qī yuè	八月 bā yuè	九月 jiǔ yuè	十月 shí yuè	十一月 shíyī yuè	十二月 shí'èr yuè

③ '일'은 号(hào)나 日(rì 일, 날)를 써서 나타내는데, 말할 때는 주로 号를 씁니다.

1일	2일	3일	...	10일	11일	...	30일	31일
一号 yī hào	二号 èr hào	三号 sān hào	...	十号 shí hào	十一号 shíyī hào	...	三十号 sānshí hào	三十一号 sānshíyī hào

④ 星期(xīngqī 주, 요일) 뒤에 숫자 一부터 六까지 차례로 써서 월요일부터 토요일까지 나타냅니다. 일요일은 星期天 혹은 星期日라고 하는데, 말할 때는 보통 星期天을 씁니다.

월요일	화요일	수요일	목요일	금요일	토요일	일요일
星期一 xīngqīyī	星期二 xīngqī'èr	星期三 xīngqīsān	星期四 xīngqīsì	星期五 xīngqīwǔ	星期六 xīngqīliù	星期天(日) xīngqītiān(rì)

A 今天(是)几月几号? 星期几?　　오늘은 몇 월 며칠 무슨 요일이에요?
Jīntiān (shì) jǐ yuè jǐ hào? Xīngqī jǐ?

B 今天(是)七月十四号，星期六。오늘은 7월 14일 토요일이에요.
Jīntiān (shì) qī yuè shísì hào, xīngqīliù.

⑤ 중국어에서 시간사는 「년–월–일–요일–오전/오후–시–분」처럼 큰 단위에서 작은 단위 순으로 씁니다.

2022年 èr líng èr èr nián	6月8号 liù yuè bā hào	星期三 xīngqīsān	上午 shàngwǔ	10点5分 shí diǎn wǔ fēn

→ 2022년 6월 8일 수요일 오전 10시 5분

확인체크	♦ 다음 표현을 중국어로 써보세요.
	❶ 2022년 2월 12일　⇒ _____
	❷ 6월 31일 화요일　⇒ _____
	❸ 10월 8일 일요일　⇒ _____

단어 　每天 měi tiān 명 매일

♦ 다음 문장을 따라 읽으며 중국어의 문장 구조를 익혀 보세요.

1 今天星期几?　　　　　　　　　Jīntiān xīngqī jǐ?

今天星期天。　　　　　　　　Jīntiān xīngqītiān.

昨天(是)星期五吗?　　　　　　Zuótiān (shì) xīngqīwǔ ma?

昨天不是星期五，是星期六。　Zuótiān bú shì xīngqīwǔ, shì xīngqīliù.

---

2 今天几月几号?　　　　　　　　Jīntiān jǐ yuè jǐ hào?

今天八月十七号。　　　　　　Jīntiān bā yuè shíqī hào.

明天几号?　　　　　　　　　Míngtiān jǐ hào?

明天十八号。　　　　　　　　Míngtiān shíbā hào.

---

3 你什么时候去中国?　　　　　　Nǐ shénme shíhou qù Zhōngguó?

我十月九号去中国。　　　　　Wǒ shí yuè jiǔ hào qù Zhōngguó.

十月九号是星期几?　　　　　Shí yuè jiǔ hào shì xīngqī jǐ?

十月九号是星期天。　　　　　Shí yuè jiǔ hào shì xīngqītiān.

단어　什么时候 shénme shíhou 언제

◆ 다음 그림을 보고 보기와 같이 문장을 만들어 보세요.

보기

5月

星期天	星期一	星期二	星期三	星期四	星期五	星期六
					1	2
3	4	5 어린이날	6	7	8 어버이날	9
10	11	12	13 여자 친구 생일	14	15 스승의 날	16
17	18	19 아빠 생신	20	21	22	23
24/31	25 누나 생일	26	27	28 今天	29	30

A 今天几月几号? 星期几?　　　　오늘은 몇 월 며칠 무슨 요일이에요?
　 Jīntiān jǐ yuè jǐ hào? Xīngqī jǐ?

B 今天五月二十八号，星期四。오늘은 5월 28일 목요일이에요.
　 Jīntiān wǔ yuè èrshíbā hào, xīngqīsì.

1 A 后天几月几号? 星期几?
　　 Hòutiān jǐ yuè jǐ hào? Xīngqī jǐ?

　　 B _____ 。

2 A 爸爸的生日是几月几号? 星期几?
　　 Bàba de shēngrì shì jǐ yuè jǐ hào? Xīngqī jǐ?

　　 B _____ 。

3 A 儿童节是几月几号? 星期几?
　　 Értóng Jié shì jǐ yuè jǐ hào? Xīngqī jǐ?

　　 B _____ 。

4 A 母亲节[父亲节]是几月几号? 星期几?
　　 Mǔqīn Jié [Fùqīn Jié] shì jǐ yuè jǐ hào? Xīngqī jǐ?

　　 B _____ 。

5 A 教师节是几月几号? 星期几?
　　 Jiàoshī Jié shì jǐ yuè jǐ hào? Xīngqī jǐ?

　　 B _____ 。

단어 儿童节 Értóng Jié 명 어린이날 | 母亲节 Mǔqīn Jié 명 어머니의 날 |
父亲节 Fùqīn Jié 명 아버지의 날 | 教师节 Jiàoshī Jié 명 스승의 날

1 다음 달력에 표시된 날짜를 중국어로 써보세요.

_____   _____   _____

2 녹음을 듣고 질문에 답하세요.

Track06-05

❶ _____

❷ _____

❸ _____

❹ _____

3 다음 문장에 알맞은 대답을 고르세요.

❶ 今天是七月二十号吗? [ ]   A 不是，今天是七月二十一号。

❷ 妈妈的生日是几月几号? [ ]   B 星期六。

❸ 明天星期几? [ ]   C 二月六号。

4 다음 문장을 중국어로 써보세요.

① 내일은 수요일이 아닙니다.

➡ _____

② 오늘은 11일입니까?

➡ _____

③ 당신의 생일은 몇 월 며칠입니까?

➡ _____

④ 나는 모레 중국에 갑니다.

➡ _____

5 본문의 회화를 참고하여, 다음 대화를 완성하세요.

你的生日是＿＿＿＿＿＿＿？
Nǐ de shēngrì shì ＿＿＿＿＿＿＿?

四月十四号。你呢?
Sì yuè shísì hào.　Nǐ ne?

今天就是＿＿＿＿＿＿＿。
Jīntiān jiù shì ＿＿＿＿＿＿＿.

真的? 祝你＿＿＿＿＿＿＿!
Zhēnde? Zhù nǐ ＿＿＿＿＿＿＿!

우리와 다른 중국의 기념일

우리나라의 5월은 '가정의 달'이라 불릴 만큼 가족과 관련된 기념일이 많죠. 중국에도 어린이날과 어버이날이 있는데, 우리와는 날짜가 달라요. 중국은 어떤 기념일을 보낼까요?

妇女节(Fùnǚ Jié)는 세계 여성의 날로 3월 8일이에요. 三八节(Sān-Bā Jié), 三八妇女节 (Sān-Bā Fùnǚ Jié)라고도 해요. 국가적으로 각종 기념 행사를 하고, 직장에서는 오전 근무를 하거나 보너스를 주기도 하죠.

劳动节(Láodòng Jié)는 중국의 노동절로 5월 1일이에요. 우리나라의 근로자의 날과 같은데, 총 3일의 휴일을 보내요.

母亲节(Mǔqīn Jié)는 어머니의 날로 5월 둘째 주 일요일이에요. 카네이션이나 원추리꽃을 선물해요.

父亲节(Fùqīn Jié)는 아버지의 날로 6월 셋째 주 일요일이에요. 타이완에서는 8월 8일이 아버지의 날이어서 八八节(Bā-Bā Jié)라고도 불러요.

儿童节(Értóng Jié)는 어린이날로 세계 아동의 날과 같은 날인 6월 1일인데, 국가 공휴일은 아니에요.

七夕节(Qīxī Jié)는 음력 7월 7일로 견우와 직녀가 만나는 이날은 중국의 밸런타인데이라고 할 수 있죠. 물론 중국에서도 2월 14일 밸런타인데이(情人节 Qíngrén Jié)를 보내요.

教师节(Jiàoshī Jié)는 스승의 날로 9월 10일이에요.

国庆节(Guóqìng Jié)는 중화 인민 공화국의 설립을 기념하는 날로 10월 1일이에요. 총 7일의 휴일을 보내요.

光棍节(Guānggùn Jié)는 11월 11일로 싱글을 위한 날이었는데, 2009년에 알리바바에서 '솔로는 반값 세일' 등 대대적인 마케팅을 해 엄청난 매출을 달성하여 이후로 해마다 이벤트를 펼치고 있어 지금은 중국판 블랙 프라이데이를 의미해요.

START!

7과

下午去看电影。

Xiàwǔ qù kàn diànyǐng.

오후에 영화 보러 가요.

트레이닝 듣기

Track07과

학습 포인트

▶ **표현** '이번', '지난', '다음' 표현 익히기 | 계획 묻고 답하기
▶ **어법** 여러 가지 시간사(2) | 연동문

这个星期六❶你忙吗?

Zhège xīngqīliù nǐ máng ma?

很忙，上午去商店买东西。

Hěn máng, shàngwǔ qù shāngdiàn mǎi dōngxi.

下午做什么?

Xiàwǔ zuò shénme?

下午去看电影。

Xiàwǔ qù kàn diànyǐng.

□□	商店	shāngdiàn	명 상점
□□	买	mǎi	동 사다
□□	东西	dōngxi	명 물건
□□	做	zuò	동 하다
□□	电影	diànyǐng	명 영화

플러스 TIP

❶ 지시대사와 양사가 함께 올 때는 「지시대사+수사+양사+명사」 형식으로 쓰여요. 수사가 一인 경우에는 보통 생략해요.

예 这两本书 zhè liǎng běn shū 이 책 두 권

◆ 우리말 해석을 확인해 보세요. ◆

동민 이번 주 토요일에 바빠?

샤오잉 바빠, 오전에는 상점에 물건을 사러 가.

동민 오후에는 뭘 하니?

샤오잉 오후에는 영화를 보러 가.

1 여러 가지 시간사(2)

这个星期는 '이번 주'라는 뜻입니다. 这个 대신에 上个를 쓰면 '지난', 下个를 쓰면 '다음'의 뜻을 나타냅니다.

지난달	이번 달	다음 달
上个月 shàng ge yuè	这个月 zhège yuè	下个月 xià ge yuè
지난주	이번 주	다음 주
上个星期 shàng ge xīngqī	这个星期 zhège xīngqī	下个星期 xià ge xīngqī

TIP
- 上个星期一 shàng ge xīngqīyī 지난주 월요일
- 这个星期二 zhège xīngqī'èr 이번 주 화요일
- 下个星期三 xià ge xīngqīsān 다음 주 수요일

확인체크

♦ 다음 달력을 보고 질문에 답하세요.

❶ 上个星期一是几号?

➡ _____

❷ 下个星期六是几号?

➡ _____

2 연동문

하나의 주어에 술어가 두 개 이상의 동사(구)로 구성된 문장을 '연동문'이라고 합니다. 뒤에 오는 동사가 앞 동사의 목적을 나타냅니다.

주어 + 동사1 + 목적어1 + 동사2 + 목적어2

我去买东西。　나는 물건을 사러 가요.
Wǒ qù mǎi dōngxi.

我去商店买东西。　나는 상점에 물건을 사러 가요.
Wǒ qù shāngdiàn mǎi dōngxi.

王明去书店买书。　왕밍은 서점에 책을 사러 가요.
Wáng Míng qù shūdiàn mǎi shū.

연동문에서는 첫 번째 동사 앞에 不를 써서 부정문을 만듭니다.

我不去看电影。　나는 영화를 보러 가지 않아요.
Wǒ bú qù kàn diànyǐng.

🎓 확인체크

♦ 다음 두 문장을 합쳐서 하나의 문장으로 만드세요.

❶ 我去超市。/ 我买可乐。

➡ _____

❷ 她去咖啡店。/ 她见朋友。

➡ _____

단어 见 jiàn 동 만나다, 보(이)다

◆ 다음 문장을 따라 읽으며 중국어의 문장 구조를 익혀 보세요.

1 你去哪儿?   Nǐ qù nǎr?

我去学校。   Wǒ qù xuéxiào.

你去做什么?   Nǐ qù zuò shénme?

我去上课。   Wǒ qù shàng kè.

2 他去哪儿?   Tā qù nǎr?

他去图书馆。   Tā qù túshūguǎn.

他去做什么?   Tā qù zuò shénme?

他去借书。   Tā qù jiè shū.

3 妈妈去哪儿?   Māma qù nǎr?

妈妈去商店。   Māma qù shāngdiàn.

妈妈去商店做什么?   Māma qù shāngdiàn zuò shénme?

妈妈去商店买东西。   Māma qù shāngdiàn mǎi dōngxi.

단어 借 jiè 图 빌리다

◆ 다음 그림을 보고 보기 와 같이 문장을 만들어 보세요.

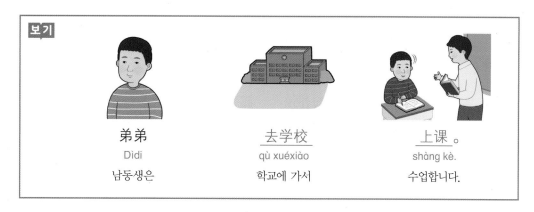

보기

弟弟
Dìdi
남동생은

去学校
qù xuéxiào
학교에 가서

上课 。
shàng kè.
수업합니다.

1

妈妈
Māma

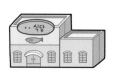

去 _____

_____ 。

2

哥哥
Gēge

去 _____

_____ 。

3

姐姐
Jiějie

去 _____

_____ 。

힌트 饭馆儿 fànguǎnr 명 음식점, 식당

1 제시된 단어를 배열하여 문장을 완성한 후 해석해 보세요.

① 图书馆 / 看书 / 去 / 我 / 下午

➡ _____

② 去 / 吃饭 / 我们 / 饭馆儿 / 都

➡ _____

2 녹음을 듣고 다음 회화를 완성해 보세요.

Track07-05

① A 东民，你去哪儿?

B _____。

A 你去买什么?

B _____。

② A 今天晚上你去哪儿?

B _____。

A 你去做什么?

B _____。

3 다음 문장에 알맞은 대답을 고르세요.

① 下午你做什么?　　　　　　　A 我不忙。

② 你们去哪儿?　　　　　　　　B 我们去公司。

③ 这个星期五你忙吗?　　　　　C 下午我去买衣服。

4 다음 문장을 중국어로 써보세요.

① 나는 이번 주 일요일에 영화를 보러 갑니다.

➡ _____

② 당신은 무엇을 하러 갑니까?

➡ _____

③ 나는 차를 마시러 카페에 갑니다.

➡ _____

④ 나는 과일을 사러 상점에 갑니다.

➡ _____

5 본문의 회화를 참고하여, 다음 대화를 완성하세요.

이번 주
토요일에 바빠?

_____ 你忙吗?
_____ nǐ máng ma?

很忙,
Hěn máng,

上午 _____ 。
shàngwǔ _____.

下午做什么?
Xiàwǔ zuò shénme?

下午 _____ 。
Xiàwǔ _____.

중국인이 즐기는 오락거리

중국의 한적한 주택가나 길가, 공원에 가면 장기나 마작을 두는 모습을 볼 수 있어요. 장기와 마작은 중국의 전통적인 오락거리죠. 특히 지금도 중노년층에게 많은 사랑을 받고 있는 중국의 장기(象棋 xiàngqí)는 알고 보면 우리나라의 장기와 규칙 등에서 여러 가지 차이가 있어요. 가장 눈에 띄는 것은 우리의 장기알은 크기가 제각각인데, 중국 것은 두께와 크기가 모두 같다는 점이죠. 또 우리는 초(楚)와 한(汉)으로 편을 나누지만, 중국 장기는 장(将)과 수(帅)로 나눈다는 점이 달라요. 마작(麻将 májiàng)은 남녀노소 가릴 것 없이 중국인이면 누구나 즐기는 가장 일반적인 오락으로, 4개씩 34개의 조합을 이루는 136개의 패로 승부를 가르죠. 무궁무진한 수가 어울리면서 재미를 자아내는 마작은 상당한 두뇌 싸움이에요. 특히 명절에 친척들이 모이면 자연스레 식탁 위에 마작판이 벌어지죠.

◆ **취미 관련 단어**

画画儿
huà huàr
그림을 그리다

做菜
zuò cài
요리를 하다

练瑜伽
liàn yújiā
요가하다

跳舞
tiào wǔ
춤추다

旅游
lǚyóu
여행하다

野营
yěyíng
캠핑하다

攀岩
pānyán
클라이밍을 하다

玩儿游戏
wánr yóuxì
게임을 하다

START!

8과

我给你买衣服。

Wǒ gěi nǐ mǎi yīfu.

내가 당신에게 옷을 사줄게요.

트레이닝 듣기

Track08과

학습 포인트

▶ **표현** 제안 표현 익히기 | 장소, 대상 관련 표현 익히기

▶ **어법** 어기조사 吧 | 개사 给

今天我们在哪儿买衣服?
Jīntiān wǒmen zài nǎr mǎi yīfu?

去百货商店吧。我给你买衣服。
Qù bǎihuò shāngdiàn ba.　　Wǒ gěi nǐ mǎi yīfu.

真的吗? 那儿的衣服非常贵。
Zhēnde ma?　　Nàr de yīfu fēicháng guì.

没关系, 我有钱。
Méi guānxi, wǒ yǒu qián.

☐☐ 百货商店	bǎihuò shāngdiàn	명 백화점
☐☐ 吧	ba	조 ~하세요, ~합시다
☐☐ 给	gěi	개 ~에게
☐☐ 没关系	méi guānxi	괜찮다, 문제없다
☐☐ 钱	qián	명 돈

◆ 우리말 해석을 확인해 보세요. ◆

동민 오늘 우리 어디에서 옷을 사?

누나 백화점에 가자. 내가 너에게 옷을
       사줄게.

동민 정말이야? 그곳의 옷은 굉장히 비싸.

누나 괜찮아. 난 돈이 있어.

1 어기조사 吧

① 문장 끝에 쓰여 '~하세요', '~합시다'의 가벼운 명령이나 제안의 어기를 나타냅니다.

我们一起吃饭吧。 우리 함께 식사해요. [제안]
Wǒmen yìqǐ chī fàn ba.

你们快去吧。　　빨리 가세요. [명령]
Nǐmen kuài qù ba.

② 문장 끝에 쓰여 추측의 의미를 나타냅니다.

今天是星期五吧? 오늘은 금요일이죠?
Jīntiān shì xīngqīwǔ ba?

你是中国人吧?　당신은 중국인이죠?
Nǐ shì Zhōngguórén ba?

확인
체크

♦ 다음 문장을 해석하고 밑줄 친 吧의 쓰임을 써보세요.

❶ 你们两点去<u>吧</u>。　　⇒ _____

❷ 你不喝咖啡<u>吧</u>?　　⇒ _____

❸ 我们一起去吃汉堡包<u>吧</u>!　⇒ _____

---

2 개사 给

给는 동사일 때는 '주다'라는 뜻이고, 개사일 때는 '~에게'라는 뜻으로 「给+대상+동사」 형식으로 사용됩니다.

我给他一本书。　　나는 그에게 책 한 권을 줍니다. [동사]
Wǒ gěi tā yì běn shū.

我给他发短信。　　나는 그에게 문자 메시지를 보냅니다. [개사]
Wǒ gěi tā fā duǎnxìn.

♦ 자주 쓰이는 개사 결합

개사	결합 형식	개사	결합 형식
在 zài ~에서	在 + 장소	和 hé ~와/과	和 + 사람
给 gěi ~에게	给 + 사람	跟 gēn ~와/과, ~한테	跟 + 사람

我在公园散步。　　나는 공원에서 산책해요.
Wǒ zài gōngyuán sàn bù.

我给爷爷打电话。　　나는 할아버지께 전화를 드려요.
Wǒ gěi yéye dǎ diànhuà.

我和他一起去。　　나는 그와 함께 가요.
Wǒ hé tā yìqǐ qù.

我跟小朴一起吃饭。　　나는 박 군과 함께 식사해요.
Wǒ gēn Xiǎo Piáo yìqǐ chī fàn.

🎓 확인체크　　♦ 다음 문장에서 밑줄 친 단어의 품사가 다른 하나를 고르세요.

❶ 我给他买电脑。　　　　❷ 我跟妈妈一起去百货商店。

❸ 我和朋友一起去学校。　　❹ 他在地铁站前边。

단어　一起 yìqǐ 🈂 함께 | 快 kuài 🈂 빠르다 🈂 빨리, 어서 | 发短信 fā duǎnxìn 문자 메시지를 보내다 |
公园 gōngyuán 🈂 공원 | 散步 sàn bù 🈂 산책하다 | 打电话 dǎ diànhuà 전화를 하다

♦ 다음 문장을 따라 읽으며 중국어의 문장 구조를 익혀 보세요.

1 你们在哪儿吃饭?   Nǐmen zài nǎr chī fàn?

我们在饭馆儿吃饭。   Wǒmen zài fànguǎnr chī fàn.

爸爸在哪儿工作?   Bàba zài nǎr gōngzuò?

爸爸在公司工作。   Bàba zài gōngsī gōngzuò.

2 你和谁去商店?   Nǐ hé shéi qù shāngdiàn?

我和朋友去商店。   Wǒ hé péngyou qù shāngdiàn.

你跟谁一起吃饭?   Nǐ gēn shéi yìqǐ chī fàn?

我跟老师一起吃饭。   Wǒ gēn lǎoshī yìqǐ chī fàn.

3 你给谁打电话?   Nǐ gěi shéi dǎ diànhuà?

我给爷爷打电话。   Wǒ gěi yéye dǎ diànhuà.

爸爸给谁做菜?   Bàba gěi shéi zuò cài?

爸爸给我做菜。   Bàba gěi wǒ zuò cài.

Track08-04

1 다음 그림을 보고 보기와 같이 문장을 만들어 보세요.

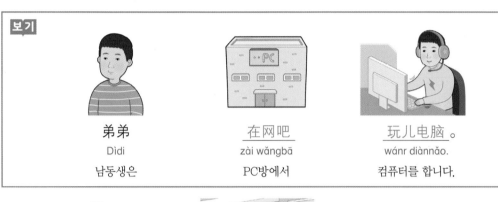

보기

弟弟
Dìdi
남동생은

在网吧
zài wǎngbā
PC방에서

玩儿电脑。
wánr diànnǎo.
컴퓨터를 합니다.

❶

东民
Dōngmín

跟＿＿＿＿＿＿＿＿
gēn

去＿＿＿＿＿＿＿＿。
qù

❷

妈妈
Māma

给＿＿＿＿＿＿＿＿
gěi

做＿＿＿＿＿＿＿＿。
zuò

2 다음 그림을 보고 질문에 답해 보세요.

❶

A 哥哥跟谁一起喝酒？
　Gēge gēn shéi yìqǐ hē jiǔ?

B ＿＿＿＿＿＿＿＿＿＿＿＿＿＿＿。

❷

A 姐姐给谁打电话？
　Jiějie gěi shéi dǎ diànhuà?

B ＿＿＿＿＿＿＿＿＿＿＿＿＿＿＿。

1 제시된 단어를 배열하여 문장을 완성한 후 해석해 보세요.

❶ 早上 / 补习班 / 学汉语 / 在 / 我 / 每天

➡ _____

❷ 给我们 / 星期天 / 中国菜 / 爸爸 / 做

➡ _____

2 녹음을 듣고 다음 회화를 완성해 보세요.

Track08-05

❶ A 你爸爸在哪儿工作?

B 我爸爸_____。

❷ A 你给谁买衣服?

B _____买衣服。

3 다음 보기 중에서 빈칸에 들어갈 알맞은 단어를 고르세요.

보기			
	跟	在	吧

❶ 我们一起看电影_____。

❷ 你_____谁一起去商店?

❸ 我_____学校工作。

4 다음 문장을 중국어로 써보세요.

❶ 나는 백화점에서 옷을 삽니다.

➡ _____

❷ 나는 매일 12시에 친구들과 함께 밥을 먹습니다.

➡ _____

❸ 누나는 매일 밤 남자 친구에게 전화를 합니다.

➡ _____

❹ 괜찮습니다.

➡ _____

5 본문의 회화를 참고하여, 다음 대화를 완성하세요.

내가 너에게 옷을 사줄게.

今天我们 _____ ?
Jīntiān wǒmen _____ ?

去百货商店吧。
Qù bǎihuò shāngdiàn ba.

我 _____ 买衣服。
Wǒ _____ mǎi yīfu.

真的吗？
Zhēnde ma?

那儿的衣服 _____ 。
Nàr de yīfu _____ .

_____ , 我有钱。
_____ , wǒ yǒu qián.

게임으로 즐기는 중국어 퍼즐

◆ 퍼즐에 숨겨진 단어를 찾은 후, 병음과 뜻을 써보세요.

今	多	电	厨	工	国
年	商	面	乐	邮	作
局	名	字	京	兴	边
么	今	期	生	后	节
午	认	关	日	系	察
视	职	识	东	身	体

	중국어	병음	뜻
1	_____	_____	_____
2	_____	_____	_____
3	_____	_____	_____
4	_____	_____	_____
5	_____	_____	_____
6	_____	_____	_____

▶ 정답 → 196쪽

你吃饭了吗?

Nǐ chī fàn le ma?

당신은 식사했어요?

트레이닝 듣기

Track09과

姐姐　你回来了?
Nǐ huílai le?

东民　姐姐，你吃饭了吗?
Jiějie, nǐ chī fàn le ma?

姐姐　吃了。你呢?
Chī le.　Nǐ ne?

东民　我还没❶吃，饿死了❷。
Wǒ hái méi chī, è sǐ le.

姐姐　快来吃饭吧。
Kuài lái chī fàn ba.

□□	回来	huílai	통 돌아오다
□□	了	le	조 동작의 완료를 나타내는 조사
□□	还	hái	부 아직
□□	没(有)	méi(yǒu)	부 ~하지 않다
□□	饿	è	형 배고프다
□□	死了	sǐ le	~해 죽겠다
□□	快	kuài	형 빠르다 부 빨리, 어서

플러스 TIP

❶ 이 문장은 '我还没有吃。'라고도 말할 수 있어요.
❷ '…死了'는 '~해 죽겠다', '~해 죽을 지경이다'라는 뜻으로, 정도가 극에 달했음을 나타내요.

◆ 우리말 해석을 확인해 보세요. ◆

누나 너 왔어?

동민 누나, 밥 먹었어?

누나 먹었어. 너는?

동민 나는 아직 안 먹었어. 배고파 죽겠어.

누나 어서 와서 밥 먹어.

1 방향보어

来(lái 오다)와 去(qù 가다)는 일부 동사의 뒤에서 보어로 쓰여 동작의 방향을 나타냅니다. 동작이 말하는 사람을 향해 이루어지면 来를 쓰고, 반대 방향으로 이루어지면 去를 씁니다. 이와 같이 말하는 사람의 관점에서 동작의 방향에 대해 보충 설명을 하는 来와 去를 '방향보어'라고 합니다. 来와 去가 방향보어로 쓰이면 경성으로 읽습니다.

♦ 자주 쓰이는 방향보어

	上 shàng 오르다	下 xià 내려가다	进 jìn 들다	出 chū 나가(오)다	回 huí 되돌아가(오)다	过 guò 건너다	起 qǐ 일어나다
来 lái 오다	上来 shànglai 올라오다	下来 xiàlai 내려오다	进来 jìnlai 들어오다	出来 chūlai 나오다	回来 huílai 돌아오다	过来 guòlai 건너오다	起来 qǐlai 일어나다
去 qù 가다	上去 shàngqu 올라가다	下去 xiàqu 내려가다	进去 jìnqu 들어가다	出去 chūqu 나가다	回去 huíqu 돌아가다	过去 guòqu 건너가다	×

你什么时候回去？ 당신은 언제 돌아가요?
Nǐ shénme shíhou huíqu?

你快过来吧。   어서 건너오세요.
Nǐ kuài guòlai ba.

확인체크

♦ 다음 빈칸에 들어갈 알맞은 단어를 고르세요.

❶ 我在八楼，你_____吧。   (上来 / 出去)

❷ 我在商店里边，你_____吧。   (下来 / 进来)

단어 楼 lóu 명 층

2 조사 了

了는 문장 끝이나 동사 뒤에 쓰여 어떤 일이나 상황이 이미 발생했거나 동작이 완성되었음을 나타냅니다. 부정문에서는 동사 앞에 没(有)를 쓰고 문장 끝의 了는 생략합니다.

긍정문	我吃饭了。 Wǒ chī fàn le.	나는 밥을 먹었어요.
부정문	我没(有)吃饭。 Wǒ méi(yǒu) chī fàn.	나는 밥을 먹지 않았어요.
일반의문문	你吃饭了吗? Nǐ chī fàn le ma?	당신은 밥을 먹었어요?
정반의문문	你吃饭了没有? Nǐ chī fàn le méiyǒu?	당신은 밥을 먹었어요, 안 먹었어요?

목적어 앞에 수식어구가 있을 경우, 了는 문장 끝이 아니라 동사 뒤에 놓여 동작이 완료되었음을 나타냅니다.

我吃了一碗饭。　　　　　　나는 밥을 한 공기 먹었어요.
Wǒ chīle yì wǎn fàn.

확인체크

♦ 다음 문장을 보기 와 같이 부정문과 의문문으로 바꾸어 보세요.

보기 吃饭了。→ 吃饭了吗? 吃饭了没有? → 没吃饭。

❶ 起床了。 ⇒ ＿＿＿＿＿＿＿＿＿＿ ⇒ ＿＿＿＿＿＿

❷ 他去了。 ⇒ ＿＿＿＿＿＿＿＿＿＿ ⇒ ＿＿＿＿＿＿

❸ 老师来了。 ⇒ ＿＿＿＿＿＿＿＿＿＿ ⇒ ＿＿＿＿＿＿

---

3 不와 没有

不는 '~하지 않는다', '~하지 않겠다'는 뜻으로 주관적 의지의 부정을 나타냅니다. 没有는 '~하지 않았다'라는 뜻으로 과거의 일이나 객관적 사실의 부정을 나타냅니다.

我不去。나는 가지 않아요. / 나는 가지 않을 거예요.　　　我没(有)去。나는 가지 않았어요.
Wǒ bú qù.　　　　　　　　　　　　　　　　　　　　　Wǒ méi(yǒu) qù.

♦ 다음 문장을 따라 읽으며 중국어의 문장 구조를 익혀 보세요.

1 请问，这儿有洗手间吗? Qǐngwèn, zhèr yǒu xǐshǒujiān ma?

有。 Yǒu.

在几楼? Zài jǐ lóu?

在二楼，你上去吧。 Zài èr lóu, nǐ shàngqu ba.

2 吃饭了。没吃饭。 Chī fàn le. Méi chī fàn.

喝酒了。没喝酒。 Hē jiǔ le. Méi hē jiǔ.

买衣服了。没买衣服。 Mǎi yīfu le. Méi mǎi yīfu.

看书了。没看书。 Kàn shū le. Méi kàn shū.

3 买衣服了吗? Mǎi yīfu le ma?

买了一件衣服。 Mǎile yí jiàn yīfu.

看书了吗? Kàn shū le ma?

看了一本书。 Kànle yì běn shū.

단어 请问 qǐngwèn 통 말씀 좀 여쭙겠습니다 | 洗手间 xǐshǒujiān 명 화장실

Track09-04

◆ 다음 그림을 보고 보기 와 같이 문장을 만들어 보세요.

보기

弟弟 <u>上去</u>。
Dìdi shàngqu.
남동생은 올라갑니다.

爸爸 <u>下去</u>。
Bàba xiàqu.
아빠는 내려갑니다.

1

妹妹＿＿＿＿＿＿＿。
Mèimei

2

姐姐＿＿＿＿＿＿＿。
Jiějie

3

小狗＿＿＿＿＿＿＿。
Xiǎogǒu

보기

爸爸 <u>下班了</u>。
Bàba xià bān le.
아빠는 퇴근했습니다.

哥哥 <u>还没下班</u>。
Gēge hái méi xià bān.
형은 아직 퇴근하지 않았습니다.

4

爸爸＿＿＿＿＿＿＿。
Bàba

妈妈＿＿＿＿＿＿＿。
Māma

5

姐姐＿＿＿＿＿＿＿。
Jiějie

哥哥＿＿＿＿＿＿＿。
Gēge

1 내용이 일치하는 것끼리 연결하세요.

① 빨리 들어오세요. •   • A 快回来吧。

② 빨리 올라오세요. •   • B 快下去吧。

③ 빨리 돌아오세요. •   • C 快进来吧。

④ 빨리 내려가세요. •   • D 快出去吧。

⑤ 빨리 나가세요. •   • E 快上来吧。

2 녹음을 듣고 다음 회화를 완성해 보세요.

Track09-05

A 昨天你去哪儿了？

B 我和妈妈＿＿＿＿＿＿＿＿＿＿。

A 你们买什么了？

B 我买了＿＿＿＿＿＿＿＿，妈妈买了＿＿＿＿＿＿＿＿＿。

3 다음 보기 중에서 빈칸에 들어갈 알맞은 단어를 고르세요.

> 보기
>
> 没   了   死了

① 她还＿＿＿＿＿＿下课。

② 我渴＿＿＿＿＿＿。

③ 我今天看＿＿＿＿＿＿两本书。

4 다음 문장을 중국어로 써보세요.

❶ 당신은 책을 샀습니까?

➡ _____

❷ 그는 아직 돌아오지 않았습니다.

➡ _____

❸ 피곤해 죽겠어요.

➡ _____

❹ 빨리 와서 식사하세요.

➡ _____

5 본문의 회화를 참고하여, 다음 대화를 완성하세요.

姐姐 你 _____ ?

东民 姐姐，你 _____ ?

姐姐 吃了。你呢?

东民 我 _____ 吃，_____ 。

姐姐 快来吃饭吧。

중국에서 음식점을 이용할 때는?

우리나라에서는 음식점에서 반찬을 주는 게 당연한데, 중국에서는 무료로 제공하지 않고 원하는 반찬을 따로 주문해야 해요. 하지만 반찬의 가격은 저렴한 편이에요.

중국에서 원형 테이블에 앉아 식사할 때는 회전판을 시계 방향으로 돌려서 원하는 음식을 조금씩 덜어 먹어요. 밥과 면을 먹을 때 모두 젓가락을 사용하고, 숟가락은 국물이나 탕을 먹을 때 사용해요. 참, 생선을 먹을 때는 뒤집어 먹지 않는데, 생선이 배를 의미해서 생선을 뒤집으면 차나 배가 전복되는 것과 같다고 생각해서 금기시해요.

중국 사람들은 한여름에도 차가운 물을 잘 마시지 않고, 식사 자리에서 술이나 차는 첨잔을 해요. 상대방의 술잔이나 찻잔이 비어 있으면 실례라고 생각하죠.

◆ 식당 관련 단어

筷子
kuàizi
젓가락

勺子
sháozi
숟가락

餐巾纸
cānjīnzhǐ
냅킨

菜单
càidān
메뉴판

打包
dǎ bāo
포장하다

外卖
wàimài
배달 음식

START!

10과

你会说汉语吗?

Nǐ huì shuō Hànyǔ ma?

당신은 중국어를 할 줄 아나요?

트레이닝 듣기

Track10과

Track10-01

小英	请坐，请喝茶。你会说汉语吗？
	Qǐng zuò, qǐng hē chá.　　Nǐ huì shuō Hànyǔ ma?

东民	会，她的汉语很好。
	Huì, tā de Hànyǔ hěn hǎo.

安娜	不，我会说一点儿。
	Bù, wǒ huì shuō yìdiǎnr.

小英	你的发音很不错❶。
	Nǐ de fāyīn hěn búcuò.

安娜	谢谢。❷
	Xièxie.

☐☐	请	qǐng	图 ~하세요, ~해 주십시오
☐☐	坐	zuò	图 앉다
☐☐	会	huì	조통 ~할 줄 알다, ~할 수 있다
☐☐	说	shuō	图 말하다
☐☐	一点儿	yìdiǎnr	조금, 약간
☐☐	发音	fāyīn	명 발음
☐☐	不错	búcuò	형 좋다, 괜찮다
☐☐	谢谢	xièxie	图 감사합니다, 고맙습니다

플러스 **TIP**

❶ 不错는 '괜찮다', '잘하다'라는 뜻으로 칭찬할 때 쓰는 표현이에 요. 错(cuò)는 '틀리다'라는 뜻인데, 반대말은 对(duì 맞다)예요.

❷ 谢谢에 대한 대답 표현으로는 '천만에요'라는 뜻의 不客气(bú kèqi), 不谢(bú xiè), 不用谢(búyòng xiè)가 있어요.

◆ 우리말 해석을 확인해 보세요. ◆

샤오잉 앉아, 차 마시렴. 너는 중국어를 할 줄 아니?

동민 할 줄 알아. 그녀의 중국어는 훌륭해.

안나 아니야, 조금 할 줄 알아.

샤오잉 너는 발음이 좋구나.

안나 고마워.

1 조동사 会

会는 동사 앞에 위치하여 학습이나 경험을 통해 어떤 기능을 익혀 '~할 줄 알다', '~할 수 있다'는 뜻을 나타냅니다.

긍정문

我会说汉语。　나는 중국어를 할 줄 알아요.
Wǒ huì shuō Hànyǔ.

我会弹钢琴。　나는 피아노를 칠 줄 알아요.
Wǒ huì tán gāngqín.

부정문

我不会说汉语。　나는 중국어를 할 줄 몰라요.
Wǒ bú huì shuō Hànyǔ.

我不会弹钢琴。　나는 피아노를 칠 줄 몰라요.
Wǒ bú huì tán gāngqín.

일반의문문

你会说汉语吗?　당신은 중국어를 할 줄 알아요?
Nǐ huì shuō Hànyǔ ma?

你会弹钢琴吗?　당신은 피아노를 칠 줄 알아요?
Nǐ huì tán gāngqín ma?

정반의문문

你会不会说汉语?　당신은 중국어를 할 줄 알아요, 몰라요?
Nǐ huì bu huì shuō Hànyǔ?

你会不会弹钢琴?　당신은 피아노를 칠 줄 알아요, 몰라요?
Nǐ huì bu huì tán gāngqín?

> **TIP** ① 조동사는 동사 앞에 쓰여 희망, 바람, 의지, 능력 등을 나타냅니다.
> ② 会의 부정형은 不会입니다.
> ③ 조동사가 있는 문장의 정반의문문은 동사가 아니라 조동사의 긍정형과 부정형을 나열하여 만듭니다.

확인체크

♦ 제시된 단어를 배열하여 문장을 만드세요.

❶ 会 / 他 / 吗 / 游泳　　➡ _____

❷ 我 / 会 / 英语 / 不 / 说　➡ _____

2 一点儿

一点儿은 '조금', '약간'이라는 뜻으로 동사나 형용사 뒤에 위치하여 정확하지 않은 적은 수량을 나타냅니다. 명사 앞에서 명사를 수식하는 관형어로도 쓰입니다.

我买一点儿。　　　　나는 조금 사요.
Wǒ mǎi yìdiǎnr.

我会说一点儿汉语。　나는 중국어를 조금 할 줄 알아요.
Wǒ huì shuō yìdiǎnr Hànyǔ.

你喝一点儿茶吧。　　차 좀 드세요.
Nǐ hē yìdiǎnr chá ba.

TIP 회화에서는 자주 一를 생략하여 말합니다.
　　예 我买了点儿东西。나는 물건을 조금 샀어요.
　　　 Wǒ mǎile diǎnr dōngxi.

확인체크

♦ 다음 중 一点儿이 들어갈 알맞은 위치를 고르세요.

❶ 他 A 买 B 水果 C 。

❷ 你 A 快 B 吧 。

단어 弹 tán 图 (악기를) 켜다, 연주하다 ㅣ 钢琴 gāngqín 명 피아노 ㅣ 游泳 yóu yǒng 图 수영하다

◆ 다음 문장을 따라 읽으며 중국어의 문장 구조를 익혀 보세요.

1 请进。 Qǐng jìn.

请读。 Qǐng dú.

请用。 Qǐng yòng.

请说。 Qǐng shuō.

2 你会开车吗? Nǐ huì kāi chē ma?

我会开车。 Wǒ huì kāi chē.

他会不会开车? Tā huì bu huì kāi chē?

他不会开车。 Tā bú huì kāi chē.

3 哥哥会游泳。 Gēge huì yóu yǒng.

我不会游泳，我会弹钢琴。 Wǒ bú huì yóu yǒng, wǒ huì tán gāngqín.

姐姐会说英语。 Jiějie huì shuō Yīngyǔ.

我会说一点儿英语。 Wǒ huì shuō yìdiǎnr Yīngyǔ.

단어 读 dú 동 (소리 내어) 읽다, (책 등을) 보다, 읽다 | 用 yòng 동 사용하다 |
开车 kāi chē 동 운전하다, 차를 몰다

 그림 보고 **말하기**

 Track10-04

◆ 다음 그림을 보고 **보기** 와 같이 문장을 만들어 보세요.

보기

특기 노래 | 못하는 것 영어

妈妈会唱中国歌。
Māma huì chàng Zhōngguó gē.
엄마는 중국 노래를 부를 줄 압니다.

妈妈不会说英语。
Māma bú huì shuō Yīngyǔ.
엄마는 영어를 할 줄 모릅니다.

1

특기 요리, 볼링 | 못하는 것 피아노

_____

_____

_____

2

특기 수영, 중국어 | 못하는 것 요리

_____

_____

_____

3

특기 영어, 피아노 | 못하는 것 운전

_____

_____

_____

단어 唱歌 chàng gē 노래를 부르다 | 打保龄球 dǎ bǎolíngqiú 볼링을 치다

1 会를 써서 문장을 완성해 보세요.

① 我_____说汉语，我要学习。

② 你_____做中国菜？

③ 我在美国学英语，我_____说英语。

2 다음 문장에 알맞은 대답을 고르세요.

① 你会唱中国歌吗？ 　　A 他的汉语不太好。

② 请进。　　　　　　　　　　　　　B 我不会唱中国歌。

③ 他会说汉语吗？　　　　　　　　　C 谢谢！

3 녹음을 듣고 질문에 답하세요.

Track10-05

① 谁会做中国菜？　　➡ _____

② 哥哥做的菜怎么样？　➡ _____

③ 我会做什么菜？　　➡ _____

④ 哥哥会不会说汉语？　➡ _____

4 다음 문장을 중국어로 써보세요.

❶ 이쪽은 나의 중국 친구 왕밍(王明)입니다.

➡ _____

❷ 당신은 운전할 수 있습니까?

➡ _____

❸ 나는 수영할 줄 압니다.

➡ _____

❹ 차 드세요.

➡ _____

5 본문의 회화를 참고하여, 다음 대화를 완성하세요.

小英 请_____, 请_____。

　　　你_____说汉语吗?

东民 _____, 她的汉语很好。

安娜 不, 我_____。

小英 你的发音很_____。

단어 要 yào 조동 ~해야 한다

Track10-06

打篮球
dǎ lánqiú
농구를 하다

打网球
dǎ wǎngqiú
테니스를 치다

打棒球
dǎ bàngqiú
야구를 하다

打乒乓球
dǎ pīngpāngqiú
탁구를 치다

游泳
yóu yǒng
수영하다

踢足球
tī zúqiú
축구를 하다

我在开车。

Wǒ zài kāi chē.

나는 운전하고 있어요.

트레이닝 듣기

Track11과

학습 포인트

▶ **표현** '～하고 있다' 표현 익히기
▶ **어법** 동작의 진행
▶ **단어** 동작

哥哥　喂❶，妈❷，我在开车。
　　　Wéi, mā, wǒ zài kāi chē.

妈妈　你去哪儿?
　　　Nǐ qù nǎr?

哥哥　我去老师家。
　　　Wǒ qù lǎoshī jiā.

妈妈　你去那儿干❸什么?
　　　Nǐ qù nàr gàn shénme?

哥哥　跟老师学汉语。
　　　Gēn lǎoshī xué Hànyǔ.

妈妈　她住在哪儿?
　　　Tā zhùzài nǎr?

哥哥　她住在我们公司附近。
　　　Tā zhùzài wǒmen gōngsī fùjìn.

Track11-02

□□	喂	wèi(wéi)	감탄 어이, 이봐, 여보세요
□□	在	zài	부 ~하고 있다, ~하고 있는 중이다[진행을 나타냄]
□□	开车	kāi chē	동 운전하다, 차를 몰다
□□	干	gàn	동 하다
□□	跟	gēn	개 ~와/과, ~한테
□□	住在	zhùzài	~에 살다, ~에 거주하다
□□	附近	fùjìn	명 부근, 근처

플러스 TIP

❶ 喂는 누군가를 부를 때는 제4성으로 읽고, 전화상에서 쓰는 '여보세요' 표현일 때는 제2성으로 읽어요.

❷ 妈는 妈妈를 말하는데, 가족 호칭은 반복되는 단어 하나를 생략해서 말할 수 있어요.

   예) 我爸 wǒ bà 우리 아빠 | 我姐 wǒ jiě 우리 누나(언니)

❸ 干은 '하다'라는 뜻으로 做와 의미가 같아요. 회화에서는 干을 더 많이 사용해요.

◆ 우리말 해석을 확인해 보세요. ◆

형   여보세요, 엄마, 저 운전 중이에요.

엄마   어디 가니?

형   저는 선생님 댁에 가요.

엄마   그곳에 무엇을 하러 가니?

형   선생님한테 중국어를 배우려요.

엄마   선생님은 어디 사시는데?

형   저희 회사 근처에 사세요.

1 동작의 진행

동작의 진행은 동사 앞에 在를 써서 나타냅니다. 在는 '~하고 있다', '~하고 있는 중이다'라는 뜻의 진행을 나타내는 부사입니다. 이때 문장 끝에 呢를 함께 쓸 수 있습니다.

A 你在做什么(呢)?　　　　　당신은 무엇을 하고 있어요?
　Nǐ zài zuò shénme (ne)?

B 我在看书(呢)。　　　　　　나는 책을 보고 있어요.
　Wǒ zài kàn shū (ne).

부정형은 在 앞에 没(有)를 써서 나타냅니다.

A 你在看书吗?　　　　　　　당신은 책을 보고 있어요?
　Nǐ zài kàn shū ma?

B 我没在看书，我在看电视。　나는 책을 보고 있지 않고, 텔레비전을 보고 있어요.
　Wǒ méi zài kàn shū, wǒ zài kàn diànshì.

> **TIP** 在의 다양한 용법
> ① 동사 : ~에 있다
> 예 我在家。　　나는 집에 있어요.
> 　 Wǒ zài jiā.
> ② 개사 : ~에서
> 예 我在家看书。나는 집에서 책을 봐요.
> 　 Wǒ zài jiā kàn shū.
> ③ 부사 : ~하고 있다, ~하고 있는 중이다
> 예 我在看书。　나는 책을 보고 있어요.
> 　 Wǒ zài kàn shū.

확인체크

♦ 다음 문장에 쓰인 在의 뜻을 써보세요.

❶ 我在公司。　　　　　　　(　　　　　　　　　)

❷ 他在玩儿游戏。　　　　　(　　　　　　　　　)

❸ 我在书店买书。　　　　　(　　　　　　　　　)

◆ 플러스 단어 - 동작

做作业
zuò zuòyè

숙제를 하다

打高尔夫球
dǎ gāo'ěrfūqiú

골프를 치다

跑步
pǎo bù

달리다, 조깅하다

洗碗
xǐ wǎn

설거지를 하다

唱歌
chàng gē

노래를 부르다

休息
xiūxi

쉬다

洗衣服
xǐ yīfu

세탁하다, 빨래하다

弹吉他
tán jítā

기타를 치다

睡觉
shuì jiào

잠자다

打电话
dǎ diànhuà

전화를 하다

洗澡
xǐ zǎo

목욕하다

听音乐
tīng yīnyuè

음악을 듣다

♦ 다음 문장을 따라 읽으며 중국어의 문장 구조를 익혀 보세요.

1

喂，李老师在吗?   Wéi, Lǐ lǎoshī zài ma?

对不起，他现在不在。   Duìbuqǐ, tā xiànzài bú zài.

你用微信吗?   Nǐ yòng Wēixìn ma?

这是我的二维码。   Zhè shì wǒ de èrwéimǎ.

2

你在做什么呢?   Nǐ zài zuò shénme ne?

我在工作呢。   Wǒ zài gōngzuò ne.

他在干什么?   Tā zài gàn shénme?

他在睡觉。   Tā zài shuì jiào.

3

你在做作业吗?   Nǐ zài zuò zuòyè ma?

我在做作业。   Wǒ zài zuò zuòyè.

他也在做作业吗?   Tā yě zài zuò zuòyè ma?

他没在做作业，他在看手机。   Tā méi zài zuò zuòyè, tā zài kàn shǒujī.

단어 微信 Wēixìn 고유 위챗[중국의 메신저 프로그램] | 二维码 èrwéimǎ 명 (2차원) 바코드, QR 코드

Track11-05

1 다음 그림을 보고 **보기**와 같이 문장을 만들어 보세요.

보기

爸爸 在看书 。
Bàba zài kàn shū.
아빠는 책을 보고 있습니다.

❶ 妈妈在＿＿＿＿＿＿＿＿＿＿。
Māma zài

❷ 弟弟在＿＿＿＿＿＿＿＿＿＿。
Dìdi zài

❸ 爷爷在＿＿＿＿＿＿＿＿＿＿。
Yéye zài

❹ 东民在＿＿＿＿＿＿＿＿＿＿。
Dōngmín zài

2 위의 그림과 다른 일을 하고 있는 사람을 찾아 **보기**와 같이 문장을 만들어 보세요.

보기

妈妈在洗碗吗？
Māma zài xǐ wǎn ma?
엄마는 설거지를 하고 있어요?

➡ 妈妈没在洗碗，她在做菜 。
Māma méi zài xǐ wǎn, tā zài zuò cài.
엄마는 설거지를 하고 있지 않고,
요리를 하고 있어요.

❶ 爸爸在看书吗？   ➡ ＿＿＿＿＿＿＿＿＿＿＿＿
Bàba zài kàn shū ma?

❷ 爷爷在打高尔夫球吗？ ➡ ＿＿＿＿＿＿＿＿＿＿＿＿
Yéye zài dǎ gāo'ěrfūqiú ma?

11과 我在开车。 **129**

1 제시된 단어를 배열하여 문장을 완성한 후 해석해 보세요.

❶ 老师 / 的 / 在 / 我 / 北京

➡ _____

❷ 东西 / 在 / 商店 / 妈妈 / 买

➡ _____

❸ 在 / 车 / 爸爸 / 开

➡ _____

2 다음 **보기** 중에서 빈칸에 들어갈 알맞은 단어를 고르세요.

보기			
	跟	附近	在

❶ 我_____老师学钢琴。

❷ 我_____家休息。

❸ 他住在图书馆_____。

3 녹음을 듣고 빈칸을 채워 보세요.

Track11-06

❶ 我每天早上_____。

❷ 今天我_____。

❸ 老师_____。

4 다음 문장을 중국어로 써보세요.

① 나는 숙제를 하고 있습니다.

➡ _____

② 나는 텔레비전을 보고 있지 않고, 책을 보고 있습니다.

➡ _____

③ 여보세요, 왕 선생님 계세요?

➡ _____

④ 나는 선생님 댁에 기타를 배우러 갑니다.

➡ _____

5 본문의 회화를 참고하여, 다음 대화를 완성하세요.

哥哥　喂，妈，我 _____ 。

妈妈　你去哪儿?

哥哥　我去 _____ 。

妈妈　你去那儿干什么?

哥哥 _____ 。

月亮代表我的心

Yuèliang dàibiǎo wǒ de xīn

邓丽君
Dèng Lìjūn

你问我爱你有多深　　我爱你有几分
nǐ wèn wǒ ài nǐ yǒu duō shēn　　wǒ ài nǐ yǒu jǐ fēn

我的情也真　　我的爱也真　　月亮代表我的心
wǒ de qíng yě zhēn　　wǒ de ài yě zhēn　　yuèliang dàibiǎo wǒ de xīn

你问我爱你有多深　　我爱你有几分
nǐ wèn wǒ ài nǐ yǒu duō shēn　　wǒ ài nǐ yǒu jǐ fēn

我的情不移　　我的爱不变　　月亮代表我的心
wǒ de qíng bù yí　　wǒ de ài bú biàn　　yuèliang dàibiǎo wǒ de xīn

轻轻的一个吻　　已经打动我的心
qīngqīng de yí ge wěn　　yǐjīng dǎdòng wǒ de xīn

深深的一段情　　叫我思念到如今
shēnshēn de yí duàn qíng　　jiào wǒ sīniàn dào rújīn

你问我爱你有多深　　我爱你有几分
nǐ wèn wǒ ài nǐ yǒu duō shēn　　wǒ ài nǐ yǒu jǐ fēn

你去想一想　　你去看一看　　月亮代表我的心
nǐ qù xiǎng yi xiǎng　　nǐ qù kàn yi kàn　　yuèliang dàibiǎo wǒ de xīn

---

달빛이 내 마음이에요

등려군

당신은 내가 당신을 얼마나 사랑하는지 물었죠. 내가 당신을 얼마나 사랑하는지.

내 마음은 진심이에요. 내 사랑도 진심이에요. 달빛이 내 마음이에요.

당신은 내가 당신을 얼마나 사랑하는지 물었죠. 내가 당신을 얼마나 사랑하는지.

내 마음은 떠나지 않아요. 내 사랑은 변하지 않아요. 달빛이 내 마음이에요.

부드러운 입맞춤은 이미 내 마음을 흔들어 놓았어요.

깊은 사랑은 지금까지도 당신을 그립게 하네요.

당신은 내가 당신을 얼마나 사랑하는지 물었죠. 내가 당신을 얼마나 사랑하는지.

당신이 한번 생각해 봐요. 당신이 한번 보세요. 달빛이 내 마음이에요.

START!

12과

你吃过中国菜吗?

Nǐ chīguo Zhōngguó cài ma?

당신은 중국요리를 먹어 본 적 있어요?

트레이닝 듣기

Track 12과

학습 포인트

▶ **표현** 경험 묻고 답하기

▶ **어법** 조사 过 │ 조사 的

东民   你吃过中国菜吗?
Nǐ chīguo Zhōngguó cài ma?

安娜   我没吃过。
Wǒ méi chīguo.

东民   你尝一下。
Nǐ cháng yíxià.

安娜   这是什么菜? 非常好吃❶!
Zhè shì shénme cài? Fēicháng hǎochī!

东民   这是麻辣烫。
Zhè shì málàtàng.

安娜   这是谁做的?
Zhè shì shéi zuò de?

东民   是我姐姐做的。
Shì wǒ jiějie zuò de.

☐☐	过	guo	조 ~한 적 있다
☐☐	菜	cài	명 요리, 음식
☐☐	尝	cháng	동 맛보다
☐☐	一下	yíxià	한 번, 잠시
☐☐	好吃	hǎochī	형 맛있다
☐☐	麻辣烫	málàtàng	명 마라탕[음식명]

플러스 **TIP**

❶ 好는 일부 동사 앞에 쓰여 '만족할 만큼 좋다'는 의미를 나타
내요. 반대 표현에는 难(nán 어렵다, 좋지 않다)을 써요.

예) 好吃 hǎochī 맛있다 ↔ 难吃 nánchī 맛없다
好看 hǎokàn 예쁘다 ↔ 难看 nánkàn 못생기다, 보기 싫다
好听 hǎotīng 듣기 좋다 ↔ 难听 nántīng 듣기 싫다

◆ 우리말 해석을 확인해 보세요. ◆

동민 너는 중국요리를 먹어 본 적 있어?

안나 먹어 본 적 없어.

동민 한번 맛봐.

안나 이건 무슨 요리야? 굉장히 맛있다!

동민 이건 마라탕이야.

안나 이건 누가 만든 거야?

동민 우리 누나가 만든 거야.

1 조사 过

조사 过는 동사 뒤에 놓여 이미 발생한 과거의 경험을 나타냅니다. 부정형은 동사 앞에 没(有)를 써서 나타냅니다.

긍정문   我去过上海。   나는 상하이에 가본 적이 있어요.
Wǒ qùguo Shànghǎi.

부정문   我(还)没去过上海。   나는 (아직) 상하이에 가본 적이 없어요.
Wǒ (hái) méi qùguo Shànghǎi.

일반의문문   你去过上海吗?   당신은 상하이에 가본 적이 있어요?
Nǐ qùguo Shànghǎi ma?

정반의문문   你去过上海没有?   당신은 상하이에 가본 적이 있어요, 없어요?
Nǐ qùguo Shànghǎi méiyǒu?

연동문에서 过는 뒤의 동사 뒤에 위치합니다.

我去看过中国电影。   나는 중국 영화를 보러 간 적이 있어요.
Wǒ qù kànguo Zhōngguó diànyǐng.

> **TIP** 过의 다양한 용법
>   ① 동사 过(guò) : 건너다
>   **예** 你快过来吧。   어서 건너오세요.
>   Nǐ kuài guòlai ba.
>   ② 조사 过(guo) : ~한 적이 있다
>   **예** 我吃过中国菜。   나는 중국요리를 먹어 본 적이 있어요.
>   Wǒ chīguo Zhōngguó cài.

확인체크

♦ 다음 중 过가 들어갈 알맞은 위치를 고르세요.

❶ 你 A 学 B 汉语 C 没有 D ?

❷ 我 A 在 B 哪儿 C 见 D 你。

---

2 조사 的

수식 관계를 나타내는 的는 문맥으로 보아 무엇을 이야기하고 있는지를 알 수 있는 경우에 的 뒤의 명사를 생략할 수 있습니다. 이때 的는 '~의 것', '~한 것'이라는 뜻을 나타냅니다.

这是我的书。 이것은 나의 책이에요.　　➡　这是我的。 이것은 나의 것이에요.
Zhè shì wǒ de shū.　　　　　　　　　　　Zhè shì wǒ de.

这是我买的书。 이것은 내가 산 책이에요.　➡　这是我买的。 이것은 내가 산 것이에요.
Zhè shì wǒ mǎi de shū.　　　　　　　　　Zhè shì wǒ mǎi de.

확인체크

♦ 다음 문장을 중국어로 써보세요.

❶ 이것은 산 것이고, 저것은 빌린 것이에요.

➡ _____

❷ 큰 것은 내 것이고, 작은(小) 것은 그의 것이에요.

➡ _____

단어 小 xiǎo 형 작다

Track12-03

◆ 다음 문장을 따라 읽으며 중국어의 문장 구조를 익혀 보세요.

1

你吃过火锅吗？   Nǐ chīguo huǒguō ma?

我没吃过火锅。   Wǒ méi chīguo huǒguō.

你听过中国歌没有？   Nǐ tīngguo Zhōngguó gē méiyǒu?

我听过中国歌。   Wǒ tīngguo Zhōngguó gē.

2

我不会开车，我没学过。   Wǒ bú huì kāi chē, wǒ méi xuéguo.

他会游泳，他学过游泳。   Tā huì yóu yǒng, tā xuéguo yóu yǒng.

这个字你认识吗？   Zhège zì nǐ rènshi ma?

不认识，我没学过。   Bú rènshi, wǒ méi xuéguo.

3

这是什么茶？   Zhè shì shénme chá?

这是中国茶。   Zhè shì Zhōngguó chá.

这是谁的？   Zhè shì shéi de?

这是妈妈的。   Zhè shì māma de.

단어 火锅 huǒguō 몡 훠궈[음식명] | 字 zì 몡 글자

138 맛있는 중국어 Level ❷

♦ 다음 그림을 보고 보기 와 같이 문장을 만들어 보세요.

보기

我 <u>看过这本书</u> 。
Wǒ kànguo zhè běn shū.
나는 이 책을 본 적이 있습니다.

我 <u>没看过这本书</u> 。
Wǒ méi kànguo zhè běn shū.
나는 이 책을 본 적이 없습니다.

1

我＿＿＿＿＿＿＿＿＿＿。
Wǒ

我＿＿＿＿＿＿＿＿＿＿。
Wǒ

2

我＿＿＿＿＿＿＿＿＿＿。
Wǒ

我＿＿＿＿＿＿＿＿＿＿。
Wǒ

3

我＿＿＿＿＿＿＿＿＿＿。
Wǒ

我＿＿＿＿＿＿＿＿＿＿。
Wǒ

4

我＿＿＿＿＿＿＿＿＿＿。
Wǒ

我＿＿＿＿＿＿＿＿＿＿。
Wǒ

1 제시된 단어를 배열하여 문장을 완성한 후 해석해 보세요.

① 我的书 / 这儿 / 在 / 呢 / 你的

➡ _____

② 没 / 弹 / 我妹妹 / 学 / 钢琴 / 过

➡ _____

③ 他 / 过 / 我 / 家 / 来

➡ _____

2 다음 보기 중에서 빈칸에 들어갈 알맞은 단어를 고르세요.

보기

过　　一下　　的

① 这是谁说_____?

② 我在美国学_____英语。

③ 你看_____吧，很有意思!

3 녹음을 듣고 질문에 답하세요.

Track12-05

① 马克去过中国没有?　　➡ _____

② 马克去过中国哪里?　　➡ _____

③ 马克吃过哪个中国菜?　➡ _____

4 다음 문장을 중국어로 써보세요.

❶ 당신은 이 글자를 배운 적이 있습니까?

➡ _____

❷ 이것은 누나 것이고, 저것은 남동생 것입니다.

➡ _____

❸ 나는 중국 노래를 들어 본 적이 있습니다.

➡ _____

❹ 나는 운전할 줄 모릅니다. 나는 배운 적이 없습니다.

➡ _____

5 본문의 회화를 참고하여, 다음 대화를 완성하세요.

东民 你吃过中国菜吗?

安娜 我 _____ 。

东民 你尝一下。

安娜 这是 _____ ?

东民 是我姐姐做的。

다채로운 음식으로 가득한 중국

중국은 북방과 남방의 기후 차이로 인해 주식이 달라요. 북방 사람들은 면이나 만두 등 밀가루로 만든 음식을 주식으로 먹고, 남방 사람들은 쌀밥을 주식으로 먹죠. 또 지역별로 환경이나 재료가 달라 특색 있는 요리가 발달하였고, 东酸西辣, 南甜北咸(dōng suān xī là, nán tián běi xián 동쪽은 시고 서쪽은 맵고, 남쪽은 달고 북쪽은 짜다)이라는 표현에서도 알 수 있듯 지역별로 음식 맛도 다르죠.

◆ 중국의 4대 요리

베이징(北京) 요리 : 밀 생산량이 많아서 면 요리가 많은 편이에요. 베이징은 원(元), 명 (明), 청(清)대의 수도여서 궁중 요리와 같은 고급 요리가 발달했어요. 대표 요리로는 베이 징 오리구이(北京烤鸭 Běijīng kǎoyā)가 있는데, 통째로 구운 오리를 얇게 저며 파와 야장 소스를 곁들여 밀전병에 싸서 먹어요.

상하이(上海) 요리 : 바다와 가까워 풍부한 해산물을 재료로 한 요리가 많아요. 지방 특산 품인 간장과 설탕을 사용해서 대체로 달고 기름이 많아요. 대표 요리로는 민물 털게(大闸 蟹 dàzháxiè) 요리가 있어요.

쓰촨(四川) 요리 : 매운 향신료를 많이 넣어 매콤해서 우리 입맛에 잘 맞아요. 대표 요리로 는 중국식 샤브샤브인 훠궈(火锅 huǒguō)와 마파두부(麻婆豆腐 mápó dòufu)가 있어요.

광둥(广东) 요리 : 吃在广东(chī zài Guǎngdōng 먹는 것은 광둥에서)이라는 말이 있을 정 도로 요리가 발달했고 외국 문화의 영향을 받았어요. 대표 요리로는 딤섬(点心 diǎnxin)이 있어요.

베이징 오리구이
(北京烤鸭)

훠궈(火锅)

민물 털게(大闸蟹) 요리

딤섬(点心)

START!

怎么去?

Zěnme qù?

어떻게 가나요?

트레이닝 듣기

Track13과

학습 포인트

▶ **표현** 교통수단 묻고 답하기 | 바람 표현 익히기

▶ **어법** 조동사 想 | 怎么 | 坐와 骑

东民   **今天天气真好!**
        Jīntiān tiānqì zhēn hǎo!

安娜   **我们出去玩儿吧。**
        Wǒmen chūqu wánr ba.

东民   **你想去哪儿?**
        Nǐ xiǎng qù nǎr?

安娜   **我想去动物园看熊猫。**
        Wǒ xiǎng qù dòngwùyuán kàn xióngmāo.

东民   **我们怎么去?**
        Wǒmen zěnme qù?

安娜   **骑自行车去吧。**
        Qí zìxíngchē qù ba.

东民   **好,我很喜欢❶骑自行车。**
        Hǎo, wǒ hěn xǐhuan qí zìxíngchē.

☐☐	天气	tiānqì	몡 날씨
☐☐	真	zhēn	閉 참, 정말
☐☐	玩(儿)	wán(r)	동 놀다
☐☐	想	xiǎng	조동 ~하고 싶다
☐☐	动物园	dòngwùyuán	몡 동물원
☐☐	熊猫	xióngmāo	몡 판다
☐☐	怎么	zěnme	때 어떻게
☐☐	骑	qí	동 (동물이나 자전거 등을) 타다
☐☐	自行车	zìxíngchē	몡 자전거
☐☐	喜欢	xǐhuan	동 좋아하다

플러스 TIP

❶ 喜欢의 목적어로 명사 또는 동사(구)가 올 수 있어요.

예 我喜欢小猫。   나는 고양이를 좋아해요.
    Wǒ xǐhuan xiǎomāo.
    我喜欢看中国电影。   나는 중국 영화 보는 것을 좋아해요.
    Wǒ xǐhuan kàn Zhōngguó diànyǐng.

◆ 우리말 해석을 확인해 보세요. ◆

동민   오늘 날씨가 참 좋다.   동민   어떻게 가지?

안나   우리 나가서 놀자.   안나   자전거를 타고 가자.

동민   너는 어디 가고 싶니?   동민   좋아. 나는 자전거 타는 걸 아주

안나   나는 동물원에 판다를 보러 가고 싶어.   좋아해.

1 조동사 想

想이 조동사로 쓰이면 '~하고 싶다'라는 뜻의 주관적인 바람이나 희망을 나타냅니다.

긍정문	我想去中国。	나는 중국에 가고 싶어요.
	Wǒ xiǎng qù Zhōngguó.	

부정문	我不想去中国。	나는 중국에 가고 싶지 않아요.
	Wǒ bù xiǎng qù Zhōngguó.	

일반의문문	你想去中国吗?	당신은 중국에 가고 싶어요?
	Nǐ xiǎng qù Zhōngguó ma?	

정반의문문	你想不想去中国?	당신은 중국에 가고 싶어요, 안 가고 싶어요?
	Nǐ xiǎng bu xiǎng qù Zhōngguó?	

TIP 想이 동사로 쓰이면 '생각하다', '그리워하다'라는 뜻입니다.

예 我想家。 나는 집이 그리워요.
Wǒ xiǎng jiā.

확인체크

♦ 제시된 단어를 배열하여 문장을 만드세요.

❶ 我 / 想 / 不 / 保龄球 / 打　➡ _____

❷ 你 / 法国菜 / 想 / 吃 / 不 / 想　➡ _____

단어 坐 zuò 통 (교통수단을) 타다 │ 地铁 dìtiě 명 지하철 │ 念 niàn 통 (소리 내어) 읽다 │
公共汽车 gōnggòng qìchē 명 버스 │ 火车 huǒchē 명 기차 │
摩托车 mótuōchē 명 오토바이 │ 飞机 fēijī 명 비행기 │ 出租车 chūzūchē 명 택시

2 怎么

怎么는 '어떻게'라는 뜻의 의문대사입니다. 동작이나 행위의 방법 또는 방식을 물을 때 쓰며, 보통 동사 앞에 놓입니다. '怎么去?'는 '어떻게 갑니까?'라는 뜻으로, 가는 방법 즉 교통수단을 묻는 표현입니다.

A 我们怎么去？ 우리 어떻게 갈까요?
  Wǒmen zěnme qù?

B 坐地铁去吧。 지하철을 타고 가요.
  Zuò dìtiě qù ba.

这个字怎么念？ 이 글자는 어떻게 읽어요?
Zhège zì zěnme niàn?

3 坐와 骑

① 버스, 택시, 기차 등의 교통수단인 경우에는 '타다'라는 동사로 坐를 씁니다.

坐公共汽车 버스를 타다   坐火车   기차를 타다
zuò gōnggòng qìchē   zuò huǒchē

② 자전거나 오토바이 등 기마 자세로 타는 교통수단인 경우에는 '타다'라는 동사로 骑를 씁니다.

骑摩托车   오토바이를 타다   骑自行车 자전거를 타다
qí mótuōchē   qí zìxíngchē

확인체크

♦ 다음 교통수단에 맞게 '타다'라는 동사를 써보세요.

❶ _____ 飞机   ❷ _____ 摩托车   ❸ _____ 出租车

♦ 다음 문장을 따라 읽으며 중국어의 문장 구조를 익혀 보세요.

1 你想吃什么?   Nǐ xiǎng chī shénme?

我想吃日本菜。   Wǒ xiǎng chī Rìběn cài.

你想喝咖啡吗?   Nǐ xiǎng hē kāfēi ma?

我不想喝咖啡，我想喝茶。   Wǒ bù xiǎng hē kāfēi, wǒ xiǎng hē chá.

---

2 你们怎么去?   Nǐmen zěnme qù?

我们坐船去。   Wǒmen zuò chuán qù.

他们怎么去?   Tāmen zěnme qù?

他们坐出租车去。   Tāmen zuò chūzūchē qù.

---

3 我骑自行车去上学。   Wǒ qí zìxíngchē qù shàng xué.

我骑摩托车上下班。   Wǒ qí mótuōchē shàng xià bān.

我坐飞机去北京。   Wǒ zuò fēijī qù Běijīng.

我坐地铁去电影院。   Wǒ zuò dìtiě qù diànyǐngyuàn.

단어   船 chuán 명 배[교통수단] | 上学 shàng xué 동 등교하다 | 上下班 shàng xià bān 동 출퇴근하다

 그림 보고 **말하기**

Track13-04

♦ 다음 그림을 보고 보기 와 같이 문장을 만들어 보세요.

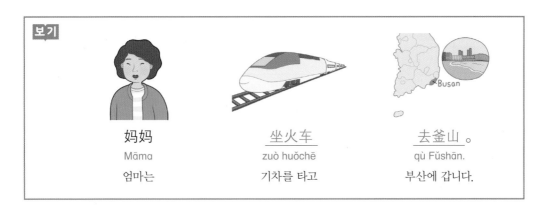

보기

妈妈	坐火车	去釜山 。
Māma	zuò huǒchē	qù Fǔshān.
엄마는	기차를 타고	부산에 갑니다.

1

爸爸   坐＿＿＿＿＿＿   去＿＿＿＿＿＿＿。
Bàba   zuò   qù

2

东民和小英   坐＿＿＿＿＿＿   去＿＿＿＿＿＿＿。
Dōngmín hé Xiǎoyīng zuò   qù

3

哥哥和女朋友   骑＿＿＿＿＿＿   去＿＿＿＿＿＿＿。
Gēge hé nǚpéngyou   qí   qù

단어   釜山 Fǔshān 고유 부산 | 天安门 Tiān'ān Mén 고유 톈안먼, 천안문 | 游乐场 yóulèchǎng 명 놀이공원

연습문제

1 보기 의 의문대사를 사용하여 다음 문장에 대한 질문을 만들어 보세요.

보기

什么时候　　怎么　　哪儿　　谁

❶ 我们今天下午去动物园吧。 ➡ _____

❷ 这是我妈妈买的衣服。 ➡ _____

❸ 今天我们在麦当劳吃饭。 ➡ _____

❹ 爸爸坐飞机去中国。 ➡ _____

2 다음 문장에 알맞은 대답을 고르세요.

❶ 今天天气怎么样? ☐   A 今天天气不太好。

❷ 你想去哪儿? ☐   B 我们坐出租车去吧。

❸ 我们怎么去? ☐   C 我想去游乐场。

Track13-05

3 녹음을 듣고 질문에 답하세요.

❶ 今天天气怎么样? ➡ _____

❷ 他们今天去哪儿? ➡ _____

❸ 他们怎么去? ➡ _____

4 다음 문장을 중국어로 써보세요.

❶ 오늘 날씨가 정말 좋아요. 나가서 놀아요.

➡ _____

❷ 나는 중국에 가고 싶습니다.

➡ _____

❸ 나는 운전하는 것을 매우 좋아합니다.

➡ _____

❹ 나는 버스를 타고 싶지 않습니다.

➡ _____

5 본문의 회화를 참고하여, 다음 대화를 완성하세요.

东民　你想去哪儿?

安娜　我 _____ 看熊猫。

东民　我们 _____ 去?

安娜　___ 自行车 ___ 吧。

东民　好，我很喜欢 _____。

중국의 국보 판다

중국의 국보로 불리는 자이언트 판다(大熊猫 dàxióngmāo)는 중국인들의 사랑과 보호를 한몸에 받고 있죠. '熊猫'라는 이름은 '곰과 고양이를 닮았다'고 해서 붙여진 이름이에요. 세계 자연 보전 연맹(IUCN)이 멸종 취약종으로 지정한 판다는 전 세계에 2천 마리 정도밖에 남지 않았어요.

중국은 세계 각국과의 관계 발전을 위해 외교용으로 판다를 보내기도 하는데, 이를 '판다 외교'라고 해요. 판다 외교는 1941년 장제스(蒋介石 Jiǎng Jièshí) 총통이 중국을 지원해 준 미국에 감사의 표시로 판다를 보내면서 시작되었어요.

2016년에 한중 친선 도모의 상징으로 시진핑(习近平 Xí Jìnpíng) 국가 주석이 아이바오(爱宝 Àibǎo)와 러바오(乐宝 Lèbǎo)라는 판다 한 쌍을 우리나라에 보내주었어요. 2020년에 이 두 판다 사이에서 푸바오(福宝 Fúbǎo)라는 아기 판다가 태어났는데, 아기 판다의 소유권은 중국에 있고 규정상 4~5년이 지나면 다시 중국으로 돌아간다고 해요. 1983년 워싱턴 조약 발효로 희귀동물을 다른 나라에 팔거나 기증할 수 없게 되면서 임대 형식으로 판다 외교를 하고 있기 때문이죠.

START!

14과

她喜欢什么颜色?

Tā xǐhuan shénme yánsè?

그녀는 무슨 색을 좋아하나요?

트레이닝 듣기

Track14과

학습 포인트

▶ **표현** 쇼핑 표현 익히기 | 의지 표현 익히기

▶ **어법** 欢迎光临 | 조동사 要

▶ **단어** 색깔

售货员　**欢迎光临！你要什么？**
Huānyíng guānglín! Nǐ yào shénme?

东民　**我要给妈妈买一个钱包。**
Wǒ yào gěi māma mǎi yí ge qiánbāo.

售货员　**她喜欢什么颜色？**
Tā xǐhuan shénme yánsè?

东民　**她喜欢红色。**
Tā xǐhuan hóngsè.

售货员　**你看❶，这个怎么样？**
Nǐ kàn, zhège zěnmeyàng?

东民　**真好看，我就买这个吧。**
Zhēn hǎokàn, wǒ jiù mǎi zhège ba.

☐☐	**售货员**	shòuhuòyuán	몡 판매원
☐☐	**欢迎**	huānyíng	동 환영하다
☐☐	**光临**	guānglín	동 오시다, 왕림하다
☐☐	**要**	yào	동 원하다, 필요하다
			조동 ～하려고 하다, ～할 것이다
☐☐	**颜色**	yánsè	몡 색깔
☐☐	**红色**	hóngsè	몡 빨간색

플러스 **TIP**

❶ 你看은 '보세요'라는 뜻으로 상대방의 주의를 환기시키는
표현이에요.

♦ 우리말 해석을 확인해 보세요. ♦

판매원 어서 오세요. 무엇이 필요하세요?

동민 저는 엄마께 지갑을 하나 사드리려고
해요.

판매원 그녀는 무슨 색을 좋아하세요?

동민 빨간색을 좋아하세요.

판매원 보세요, 이건 어때요?

동민 정말 예쁘네요, 이걸로 살게요.

1 欢迎光临

欢迎光临은 '오신 것을 환영합니다', '어서 오세요'라는 뜻으로, 보통 상점이나 식당에서 손님을 맞이할 때 쓰는 인사말입니다. '환영하다'라는 뜻의 欢迎(huānyíng)은 '누군가를 환영하다'라는 의미로 쓸 수 있습니다.

欢迎你。　　　당신을 환영합니다.　　　　欢迎欢迎!　　환영합니다!
Huānyíng nǐ.　　　　　　　　　　　　　　Huānyíng huānyíng!

欢迎你来我家。　저희 집에 오신 것을 환영합니다.
Huānyíng nǐ lái wǒ jiā.

2 조동사 要

① 조동사 要는 '~하려고 하다', '~할 것이다'라는 뜻으로, 어떤 일을 하고자 하는 주관적인 의지 또는 염원을 나타냅니다.

긍정문	我要买手机。	나는 핸드폰을 사려고 해요.
	Wǒ yào mǎi shǒujī.	

부정문	我不想买手机。	나는 핸드폰을 사고 싶지 않아요.
	Wǒ bù xiǎng mǎi shǒujī.	

일반의문문	你要买手机吗?	당신은 핸드폰을 살 거예요?
	Nǐ yào mǎi shǒujī ma?	

정반의문문	你要不要买手机?	당신은 핸드폰을 살 거예요, 안 살 거예요?
	Nǐ yào bu yào mǎi shǒujī?	

> **TIP** 주관적인 의지나 염원을 나타내는 要의 부정형은 不想입니다. 不要는 '~하지 마라'는 뜻으로 금지를 나타냅니다.

② 일반동사 要는 '원하다', '필요하다'라는 뜻을 나타냅니다.

A 你要什么?　　무엇이 필요하세요?
　Nǐ yào shénme?

B 我要汉堡包。　햄버거 주세요.
　Wǒ yào hànbǎobāo.

확인체크

♦ 다음 질문에 긍정형과 부정형으로 대답해 보세요.

❶ 你要不要吃热狗?　⇒ _____　⇒ _____

❷ 你要骑自行车去吗?　⇒ _____　⇒ _____

♦ **플러스 단어 - 색깔**

Track14-03

红色
hóngsè
빨간색

橘黄色
júhuángsè
주황색

黄色
huángsè
노란색

绿色
lǜsè
초록색

蓝色
lánsè
파란색

紫色
zǐsè
보라색

棕色
zōngsè
갈색

白色
báisè
흰색

黑色
hēisè
검은색

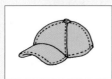

灰色
huīsè
회색

粉红色
fěnhóngsè
분홍색

天蓝色
tiānlánsè
하늘색

Track14-04

♦ 다음 문장을 따라 읽으며 중국어의 문장 구조를 익혀 보세요.

1 你要去中国学习吗?　　　Nǐ yào qù Zhōngguó xuéxí ma?

我要去中国学习。　　　Wǒ yào qù Zhōngguó xuéxí.

他也要去中国学习吗?　　Tā yě yào qù Zhōngguó xuéxí ma?

他不想去中国学习。　　Tā bù xiǎng qù Zhōngguó xuéxí.

2 我不想喝啤酒。　　　Wǒ bù xiǎng hē píjiǔ.

我要喝一杯咖啡。　　Wǒ yào hē yì bēi kāfēi.

他不想买鞋。　　　Tā bù xiǎng mǎi xié.

他要买一件衣服。　　Tā yào mǎi yí jiàn yīfu.

3 你喜欢黑色吗?　　　Nǐ xǐhuan hēisè ma?

我不喜欢黑色。　　　Wǒ bù xǐhuan hēisè.

她喜不喜欢蓝色?　　Tā xǐ bu xǐhuan lánsè?

她很喜欢蓝色。　　　Tā hěn xǐhuan lánsè.

Track14-05

◆ 다음 그림을 보고 보기 와 같이 문장을 만들어 보세요.

보기

哥哥喜欢 <u>蓝色的</u> 衣服和 <u>白色的</u> 帽子。
Gēge xǐhuan lánsè de yīfu hé báisè de màozi.
형은 파란색 옷과 흰색 모자를 좋아합니다.

1

妹妹喜欢＿＿＿＿＿衣服
Mèimei xǐhuan　　　　　yīfu

和＿＿＿＿＿书包。
hé　　　　　shūbāo.

2

爸爸喜欢＿＿＿＿＿衣服
Bàba xǐhuan　　　　　yīfu

和＿＿＿＿＿鞋。
hé　　　　　xié.

3

姐姐喜欢＿＿＿＿＿衣服
Jiějie xǐhuan　　　　　yīfu

和＿＿＿＿＿袜子。
hé　　　　　wàzi.

4

妈妈喜欢＿＿＿＿＿衣服
Māma xǐhuan　　　　　yīfu

和＿＿＿＿＿钱包。
hé　　　　　qiánbāo.

단어 帽子 màozi 몡 모자

1 제시된 단어를 배열하여 문장을 완성한 후 해석해 보세요.

❶ 书包 / 买 / 一 / 我 / 个 / 要

➡ _____

❷ 喜欢 / 你 / 颜色 / 什么

➡ _____

2 다음 보기 중에서 빈칸에 들어갈 알맞은 단어를 고르세요.

보기
什么   给   要

❶ 我_____妈妈买一件衣服。

❷ 你要_____?

❸ 我_____买黑色的帽子。

Track14-06

3 녹음을 듣고 각각의 인물들과 관련된 것을 서로 연결해 보세요.

❶ 妈妈 ·   · A 粉红色 ·   · ㄱ 车

❷ 妹妹 ·   · B 黑色 ·   · ㄴ 书包

❸ 哥哥 ·   · C 蓝色 ·   · ㄷ 衣服

❹ 我 ·   · D 红色 ·   · ㄹ 鞋

4 다음 문장을 중국어로 써보세요.

❶ 어서 오세요.

➡ _____

❷ 나는 남동생에게 옷을 사주려고 합니다.

➡ _____

❸ 나는 빨간색을 제일 좋아합니다.

➡ _____

❹ 나는 컴퓨터를 사려고 합니다.

➡ _____

5 본문의 회화를 참고하여, 다음 대화를 완성하세요.

售货员　_____ !

你　___什么?

东民　我 _____ 买一个钱包。

售货员　_____ , 这个怎么样?

东民　真好看, 我就买这个吧。

색에 담긴 다양한 의미

'중국' 하면 어떤 색이 떠오르나요? 바로 '붉은색'이죠. 중국에 가본 사람이라면 중국인이 가장 좋아하는 색이 붉은색이라는 사실을 금방 알 수 있을 거예요. 각종 간판, 택시, 현수막 등 온통 붉은색으로 가득하죠. 예부터 붉은색은 '경사(慶事)'를 뜻하는 색으로, 춘절(春节 Chūnjié)에는 붉은 종이에 쓴 대련(对联 duìlián)을 붙이고, 세뱃돈이나 축의금도 붉은색 봉투(红包 hóngbāo)에 넣어서 주죠.

노란색은 원래 황제의 색으로 중국 전통문화에서는 고귀한 색으로 여겼지만, 지금은 黄色小说(huángsè xiǎoshuō 음란 소설) 같은 단어에서처럼 '음탕하다', '저질이다'라는 뜻을 나타내요.

노란색 외에도 중국에서는 좋지 않은 의미를 뜻하는 색이 있는데, 바로 녹색과 검은색이에요. 중국에서 남자는 녹색 모자를 쓰지 않는데, 녹색 모자를 쓰는 것은 부인이 바람났다는 것을 뜻하기 때문이에요. 명나라 때 기생집의 주인에게 진녹색의 두건을 쓰게 한 일이 있었는데, 여기서 비롯되었어요. 중국의 진시황은 검은색을 장엄한 색으로 여겨 숭상하였는데, 지금은 '불법'이라는 의미를 나타내어 黑车(hēichē 불법 차량), 黑客(hēikè 해커) 등의 단어에 쓰여요.

多少钱一斤?

Duōshao qián yì jīn?

한 근에 얼마예요?

트레이닝 듣기

Track15과

학습 포인트

▶ **표현** 가격 묻고 답하기
▶ **어법** 가격을 묻는 표현 | 금액 읽는 법

姐姐　东民，你吃苹果吧。
Dōngmín, nǐ chī píngguǒ ba.

东民　这个苹果❶真甜！在哪儿买的？
Zhège píngguǒ zhēn tián!　　Zài nǎr mǎi de?

姐姐　在超市买的。
Zài chāoshì mǎi de.

东民　多少钱一斤？
Duōshao qián yì jīn?

姐姐　四块五一斤。❷
Sì kuài wǔ yì jīn.

东民　很便宜。
Hěn piányi.

□□	苹果	píngguǒ	몡 사과
□□	甜	tián	혱 달다
□□	多少	duōshao	때 얼마, 몇
□□	多少钱	duōshao qián	얼마예요?
□□	斤	jīn	양 근[무게의 단위]
□□	块	kuài	양 위안[중국의 화폐 단위]
□□	便宜	piányi	혱 싸다

플러스 TIP

❶ 这个苹果는 这一个苹果의 의미로 수사 一가 생략되었어요.
❷ 四块五一斤은 一斤四块五라고도 말할 수 있어요.

◆ 우리말 해석을 확인해 보세요. ◆

누나 동민아, 사과 먹어.

동민 이 사과는 정말 달아. 어디에서 산 거야?

누나 마트에서 산 거야.

동민 한 근에 얼마야?

누나 한 근에 4.5위안이야.

동민 싸네.

1 가격을 묻는 표현

가격을 물을 때는 '多少钱?(얼마예요?)'을 씁니다. 多少(duōshao)는 '얼마', '몇'이라는 뜻의 의문대사로, 주로 10 이상의 수량을 묻는 데 쓰입니다.

苹果多少钱一斤? 사과는 한 근에 얼마예요?
Píngguǒ duōshao qián yì jīn?

一共多少钱? 전부 얼마예요?
Yígòng duōshao qián?

怎么卖를 사용해서 가격을 물을 수도 있습니다.

苹果怎么卖? 사과는 어떻게 팔아요?
Píngguǒ zěnme mài?

> **TIP** 几와 多少의 용법 차이
> ① 의문대사 几(jǐ 몇) : 10 미만의 수를 물을 때 쓰며, 几 뒤에 반드시 양사가 와야 합니다.
> ② 의문대사 多少(duōshao 얼마, 몇) : 주로 10 이상의 수를 물을 때 쓰며, 多少 뒤에 양사가 있어도 되고 없어도 됩니다.
> **예** 你有几本汉语书? 당신은 중국어 책을 몇 권 가지고 있어요? [10 미만의 수를 예상하고 물을 때]
> Nǐ yǒu jǐ běn Hànyǔ shū?
> 你有多少(本)汉语书? 당신은 중국어 책을 얼마나 가지고 있어요? [10 이상의 수를 예상하고 물을 때]
> Nǐ yǒu duōshao (běn) Hànyǔ shū?

단어 一共 yígòng 뿐 전부, 모두 | 卖 mài 통 팔다

2 금액 읽는 법

중국의 화폐는 인민폐(人民币 rénmínbì)라고 합니다. 중국의 화폐 단위는 元(yuán), 角(jiǎo), 分(fēn)인데, 말할 때는 보통 块(kuài), 毛(máo), 分을 사용합니다.

4. 7 5元 ➡ 四块 七毛 五分
块 毛 分   sì kuài qī máo wǔ fēn
(元) (角)

① 마지막 단위 뒤에는 钱을 덧붙여도 됩니다.

5.00元 ➡ 五块(钱) wǔ kuài (qián)
0.50元 ➡ 五毛(钱) wǔ máo (qián)
0.05元 ➡ 五分(钱) wǔ fēn (qián)
15.36元 ➡ 十五块三毛六分(钱) shíwǔ kuài sān máo liù fēn (qián)

② 말할 때는 마지막 단위의 毛나 分은 생략할 수 있습니다.

1.20元 ➡ 一块二(毛) yí kuài èr (máo)
3.85元 ➡ 三块八毛五(分) sān kuài bā máo wǔ (fēn)

③ 중간 단위에 0이 있을 경우, 0을 零(líng)이라고 반드시 읽습니다. 단, 0이 두 개 이상 있어도 한 번만 읽습니다.

30.05元 ➡ 三十块零五分 sānshí kuài líng wǔ fēn
108元 ➡ 一百零八块 yìbǎi líng bā kuài

④ 화폐 단위에서 숫자 '2'는 단독으로 쓰이면 两으로 읽고, 마지막 자리에 쓰이면 二로 읽습니다.

2.00元 ➡ 两块 liǎng kuài
2.22元 ➡ 两块两毛二 liǎng kuài liǎng máo èr
12.22元 ➡ 十二块两毛二 shí'èr kuài liǎng máo èr

확인체크

♦ 다음 가격을 읽어 보세요.

❶ ￥ 104.40   ❷ ￥ 65.20   ❸ ￥ 97.24

_____   _____   _____

♦ 다음 문장을 따라 읽으며 중국어의 문장 구조를 익혀 보세요.

1

这件衣服多少钱?   Zhè jiàn yīfu duōshao qián?

这本书多少钱?   Zhè běn shū duōshao qián?

那双鞋多少钱?   Nà shuāng xié duōshao qián?

那瓶啤酒多少钱?   Nà píng píjiǔ duōshao qián?

2

橘子多少钱一斤?   Júzi duōshao qián yì jīn?

橘子两块四一斤。   Júzi liǎng kuài sì yì jīn.

草莓怎么卖?   Cǎoméi zěnme mài?

十四块五一斤。   Shísì kuài wǔ yì jīn.

3

一件衣服四百八。   Yí jiàn yīfu sìbǎi bā.

一本书二十二块九。   Yì běn shū èrshí'èr kuài jiǔ.

一双鞋一百六十七块。   Yì shuāng xié yìbǎi liùshíqī kuài.

一共六百六十九块九。   Yígòng liùbǎi liùshíjiǔ kuài jiǔ.

단어 橘子 júzi 몡 귤 | 草莓 cǎoméi 몡 딸기

◆ 다음 그림을 보고 **보기** 와 같이 문장을 만들어 보세요.

보기

一支铅笔 <u>一块五毛</u> ， 一个本子 <u>十块五毛</u> ， 一共 <u>十二块(钱)</u> 。
Yì zhī qiānbǐ yí kuài wǔ máo, yí ge běnzi shí kuài wǔ máo, yígòng shí'èr kuài (qián).
연필 한 자루는 1.5위안, 노트 한 권은 10.5위안, 모두 12위안입니다.

1
一个娃娃_____。
Yí ge wáwa

2
两件衣服_____。
Liǎng jiàn yīfu

3
两斤橘子_____， 一斤香蕉_____，
Liǎng jīn júzi   yì jīn xiāngjiāo
一共_____。
yígòng

1 다음을 보고 질문에 답하세요.

☕ 咖啡 15元

🥤 可乐 3元

🍔 汉堡包 18元

🥖 面包 5.5元

❶ 两个面包和一杯咖啡，多少钱?

➡ _____

❷ 两个汉堡包、一杯可乐和一杯咖啡，多少钱?

➡ _____

2 다음 문장에 알맞은 대답을 고르세요.

❶ 在哪儿买的? 　　　　　　　A 十六块钱。

❷ 三明治多少钱一个? 　　　　B 真好吃。

❸ 你吃热狗吧。 　　　　　　　C 在商店买的。

3 녹음을 듣고 제시된 문장과 내용이 일치하는지 ○×로 표시하세요.

Track15-05

❶ 今天我一个人去书店。 　　　(　　　)

❷ 一本英语书39.80元。 　　　(　　　)

❸ 我买了一本汉语书。 　　　　(　　　)

❹ 朋友买的书一共135.20元。 　(　　　)

4 几 또는 多少를 써서 의문문을 만든 후 알맞은 양사를 쓰세요.

> 보기
>
> 你要<u>几斤</u>橘子? ➡ 我要三<u>斤</u>橘子。

① 你们要＿＿＿＿＿咖啡? ➡ 我们要两＿＿＿＿＿咖啡。

② 这儿有＿＿＿＿＿学生? ➡ 这儿有二十五＿＿＿＿＿学生。

③ 你要买＿＿＿＿＿衣服? ➡ 我要买两＿＿＿＿＿衣服。

④ 你要买＿＿＿＿＿圆珠笔? ➡ 我要买三＿＿＿＿＿圆珠笔。

5 본문의 회화를 참고하여, 다음 대화를 완성하세요.

한 근에 얼마야?

姐姐 东民，你吃苹果吧。

东民 这个苹果＿＿＿＿＿!

在哪儿买的?

姐姐 ＿＿＿＿＿＿＿＿＿＿。

东民 ＿＿＿＿＿＿＿＿＿＿?

姐姐 四块五一斤。

단어 圆珠笔 yuánzhūbǐ 명 볼펜

15과 多少钱一斤? **171**

중국에서 지폐가 사라질까?

우리나라 지폐에는 세종대왕, 신사임당 등 다양한 위인이 그려져 있죠. 중국의 지폐에는 어떤 인물이 그려져 있을까요? 중국 지폐는 총 6종(1위안, 5위안, 10위안, 20위안, 50위안, 100위안)이 있는데, 지폐의 앞면에는 모두 마오쩌둥(毛泽东 Máo Zédōng)이 그려져 있어요. 마오쩌둥은 중화 인민 공화국의 초대 국가 주석이에요. 지폐의 뒷면에는 태산, 계림, 포탈라궁, 인민대회당 등 다양한 명소가 그려져 있어요.

지금 중국은 일상생활에서 현금 대신 알리페이나 위챗페이 등 모바일 결제가 활발하게 이루어지고 있어요. '중국에서는 거지도 QR 코드로 구걸한다'는 말이 있을 정도죠. 중국은 스마트폰 보급률이 PC보다 높고 신용카드 보급률이 낮아서 모바일 결제 시장이 급속도로 성장했어요. 중국의 최대 온라인 결제 시스템은 알리페이(支付宝 zhīfù Bǎo)와 위챗페이(微信支付 Wēixìn zhīfù)인데, 거의 10억 명이 위챗 메신저를 사용하기 때문에 위챗페이 사용자가 가장 많아요. 알리페이나 위챗페이는 복잡한 인증 없이 QR 코드만 스캔하면 결제가 끝나고, 할인마트나 상점, 심지어 노점에서도 모바일 결제가 가능하죠. 이대로라면 중국에서 현금이 사라지는 날이 오지 않을까요?

START!

16과

汉语难不难?

Hànyǔ nán bu nán?

중국어는 어렵나요, 어렵지 않나요?

트레이닝 듣기

Track16과

학습 포인트

▶ **표현** 학습에 관해 묻고 답하기

▶ **어법** 听说 | 是的

▶ **단어** 언어

朋友　听说你最近在学汉语。
Tīng shuō nǐ zuìjìn zài xué Hànyǔ.

东民　是的。我天天跟中国老师学汉语。
Shìde.　　Wǒ tiāntiān gēn Zhōngguó lǎoshī xué Hànyǔ.

朋友　汉语难不难?
Hànyǔ nán bu nán?

东民　听和说不太难，写很难。
Tīng hé shuō bú tài nán, xiě hěn nán.

朋友　我也想学汉语。
Wǒ yě xiǎng xué Hànyǔ.

东民　你也跟我一起学汉语吧。
Nǐ yě gēn wǒ yìqǐ xué Hànyǔ ba.

Track16-02

☐☐ 听说	tīng shuō	동	듣자 하니
☐☐ 最近	zuìjìn	명	요즘, 최근
☐☐ 天天	tiāntiān	명	날마다, 매일
☐☐ 难	nán	형	어렵다
☐☐ 写	xiě	동	쓰다
☐☐ 一起	yìqǐ	부	함께

◆ 우리말 해석을 확인해 보세요. ◆

친구 듣자 하니, 너 요즘에 중국어를 배운다며.
동민 응. 나는 매일 중국인 선생님한테 중국어를 배워.
친구 중국어는 어려워, 안 어려워?

동민 듣기와 말하기는 그다지 어렵지 않은데, 쓰기는 어려워.
친구 나도 중국어를 배우고 싶어.
동민 너도 나와 함께 중국어를 배우자.

1 听说

听说는 '듣다'라는 뜻인 听과 '말하다'라는 뜻인 说가 합쳐진 것으로, '듣자 하니'라는 뜻을 나타냅니다. 보통 문장의 앞부분에 쓰입니다.

听说，他去中国了。　　　듣자 하니, 그는 중국에 갔다는군요.
Tīng shuō, tā qù Zhōngguó le.

听天气预报说，明天下雨。　일기 예보를 들으니, 내일 비가 온다네요.
Tīng tiānqì yùbào shuō, míngtiān xià yǔ.

> 확인체크
>
> ♦ 제시된 단어를 배열하여 문장을 만드세요.
>
> ❶ 今天 / 听 / 没有 / 课 / 他说　⇒ _____
>
> ❷ 麻辣烫 / 很 / 听说 / 好吃　⇒ _____

2 是的

是와 是的는 '네', '그렇습니다'의 뜻으로 긍정의 대답을 할 때 쓰며 의미는 같습니다. 하지만 的를 쓰면 강한 긍정의 어기를 나타냅니다.

A 你是韩国人吗？　당신은 한국인이에요?
　Nǐ shì Hánguórén ma?

B 是的。　　　　　그렇습니다.
　Shìde.

TIP 긍정의 대답 표현으로는 好的(hǎode 알겠어요), 对(duì 맞아요), 当然(dāngrán 당연하죠) 등이 있습니다.

단어　天气预报 tiānqì yùbào 몡 일기 예보 | 下雨 xià yǔ 동 비가 오다 | 课 kè 몡 수업

안녕하세요!

韩(国)语
Hán(guó)yǔ

한국어

你好！

汉语
Hànyǔ

중국어

こんにちは。

日语
Rìyǔ

일본어

Hello!

英语
Yīngyǔ

영어

Bonjour.

法语
Fǎyǔ

프랑스어

Guten Tag!

德语
Déyǔ

독일어

¡Hola!

西班牙语
Xībānyáyǔ

스페인어

Здравствуйте.

俄语
Éyǔ

러시아어

สวัสดีครับ

泰语
Tàiyǔ

태국어

Track16-04

♦ 다음 문장을 따라 읽으며 중국어의 문장 구조를 익혀 보세요.

1

听说他明年去中国。 — Tīng shuō tā míngnián qù Zhōngguó.

我没听说他要去中国。 — Wǒ méi tīng shuō tā yào qù Zhōngguó.

你有没有听说他要去中国? — Nǐ yǒu méiyǒu tīng shuō tā yào qù Zhōngguó?

我听说过他要去中国。 — Wǒ tīng shuōguo tā yào qù Zhōngguó.

2

汉语怎么样? — Hànyǔ zěnmeyàng?

读和写容易，听和说难。 — Dú hé xiě róngyì, tīng hé shuō nán.

你的老师怎么样? — Nǐ de lǎoshī zěnmeyàng?

他很认真，我们都喜欢他。 — Tā hěn rènzhēn, wǒmen dōu xǐhuan tā.

3

我想学弹吉他。 — Wǒ xiǎng xué tán jítā.

你也跟我一起学弹吉他吧。 — Nǐ yě gēn wǒ yìqǐ xué tán jítā ba.

我想去演唱会。 — Wǒ xiǎng qù yǎnchànghuì.

你跟我一起去看演唱会吧。 — Nǐ gēn wǒ yìqǐ qù kàn yǎnchànghuì ba.

단어 容易 róngyì 형 쉽다 | 认真 rènzhēn 형 성실하다, 착실하다 | 演唱会 yǎnchànghuì 명 콘서트

Track16-05

◆ 다음 그림을 보고 **보기**와 같이 문장을 만들어 보세요.

보기

妹妹喜欢动物。 여동생은 동물을 좋아합니다.
Mèimei xǐhuan dòngwù.

她想 买小狗 。 그녀는 강아지를 사고 싶어 합니다.
Tā xiǎng mǎi xiǎogǒu.

1

爸爸在学_____。
Bàba zài xué

他想_____。
Tā xiǎng

2

姐姐很_____。
Jiějie hěn

她想_____。
Tā xiǎng

3

老师很_____。
Lǎoshī hěn

她想_____。
Tā xiǎng

4

哥哥很_____。
Gēge hěn

他想_____。
Tā xiǎng

단어 动物 dòngwù 명 동물

연습문제

1 다음 보기 중에서 빈칸에 들어갈 알맞은 단어를 고르세요.

> | 보기 | | | |
> |---|---|---|---|
> | | 听说 | 认真 | 天天 |

❶ 我＿＿＿＿＿＿跟女朋友打电话。

❷ 她很＿＿＿＿＿＿，我们都喜欢她。

❸ ＿＿＿＿＿＿他去中国了。

2 다음 문장에 알맞은 대답을 고르세요.

❶ 我想学骑自行车。 ☐　　　A 发音很难。

❷ 法语难不难？ ☐　　　B 我教你。

❸ 听说明天没有课。 ☐　　　C 真好。我们去玩儿吧。

3 녹음을 듣고 질문에 답하세요.

Track16-06

❶ 他们最近学什么？ ➡ ＿＿＿＿＿＿＿＿＿＿＿＿＿＿＿＿

❷ 他们在哪儿学？ ➡ ＿＿＿＿＿＿＿＿＿＿＿＿＿＿＿＿

❸ 几点上课？几点下课？ ➡ ＿＿＿＿＿＿＿＿＿＿＿＿＿＿

❹ 他们的老师是哪国人？怎么样？ ➡ ＿＿＿＿＿＿＿＿＿＿

❺ 他们什么时候去美国？ ➡ ＿＿＿＿＿＿＿＿＿＿＿＿＿＿

4 다음 문장을 중국어로 써보세요.

❶ 듣자 하니, 당신은 요즘 한국어를 배운다면서요.

➡ _____

❷ 당신도 나와 함께 중국어를 배워요.

➡ _____

❸ 중국어는 재미있나요?

➡ _____

❹ 오늘 비가 온다네요.

➡ _____

5 본문의 회화를 참고하여, 다음 대화를 완성하세요.

朋友 _____ 你最近在学汉语。

东民 _____ 。

我天天 _____ 中国老师

_____ 。

朋友 汉语难不难?

东民 听和说 _____ ,

写 _____ 。

✦ 가로세로 열쇠를 풀어 중국어로 퍼즐을 완성하세요.

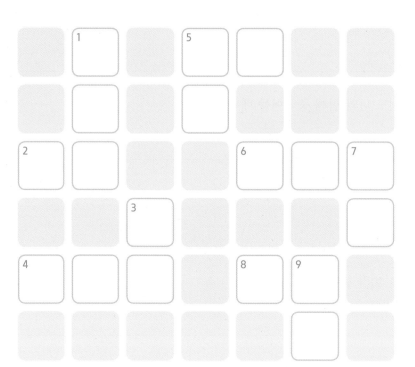

<table>
<tr><th>➡ 가로 열쇠</th><th>⬇ 세로 열쇠</th></tr>
</table>

➡ 가로 열쇠	⬇ 세로 열쇠
2 운전하다	1 자전거
4 동물원	3 공원
5 돌아가다	5 돌아오다
6 얼마예요?	7 지갑
8 내일	9 날씨

▶ 정답 → 203쪽

1 녹음을 듣고 내용과 사진이 일치하는지 ○×로 표시하세요. 🎧

❶  ☐

❷  ☐

❸  ☐

2 녹음을 듣고 내용과 일치하는 사진을 고르세요. 🎧

❶ A    B    C

❷ A    B    C

❸ A    B    C

3 녹음을 듣고 질문에 알맞은 답을 고르세요. 🎧

① A 今天　　　　　B 明天　　　　　C 星期天

② A 我　　　　　　B 女儿　　　　　C 女儿的同学

③ A 写汉字　　　　B 看电影　　　　C 做菜

④ A 13号　　　　　B 14号　　　　　C 15号

4 제시된 단어에 공통으로 들어가는 한자를 찾아 쓰세요.

보기	字　　子　　学　　店　　点　　电

① 商＿＿＿＿＿　　　　② 名＿＿＿＿＿　　　　③ ＿＿＿＿＿习
　书＿＿＿＿＿　　　　　汉＿＿＿＿＿　　　　　大＿＿＿＿＿

5 다음 인민폐의 총 금액을 쓰세요.

6 그림을 보고 방위사를 사용하여 사물의 위치를 쓰세요.

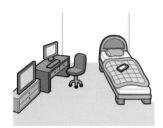

❶ 手机在床_____。

❷ 椅子在桌子_____。

7 다음 빈칸에 <u>공통으로</u> 들어갈 알맞은 단어를 고르세요.

他( )咖啡店学习。	哥哥( )开车。

A 是   B 不   C 给   D 在

8 서로 대화가 어울리는 것끼리 연결하세요.

❶ 你会说汉语吗?   ·   · A 骑自行车去。

❷ 你怎么去动物园?   ·   · B 在电脑旁边。

❸ 你买手机了?   ·   · C 我不会。

❹ 我的书包呢?   ·   · D 对不起，他不在。

❺ 喂，李老师在吗?   ·   · E 这不是我的。

9 다음 중 <u>틀린</u> 문장을 고르세요.

A 听说她明年去西班牙。   B 你喜不喜欢蓝色?

C 你快来吃饭吧。   D 我想不坐地铁去。

10 다음 질문에 <u>부정형</u>으로 대답해 보세요.

① 他起床了没有?　　　➡ _____

② 你要买车吗?　　　　➡ _____

③ 他在做作业吗?　　　➡ _____

11 빈칸에 들어갈 알맞은 단어를 고르세요.

> 보기
>
> A 一起　　B 块　　C 快乐　　D 上去　　E 姓　　F 口

① 祝你生日(　　　)!

② 这是我的汉语老师，他(　　　)李。

③ 苹果一斤四(　　　)钱。

④ 我想跟朋友(　　　)去看演唱会。

⑤ 我家有三(　　　)人，爸爸、妈妈和我。

⑥ 洗手间在二楼，你(　　　)吧。

12 제시된 단어를 배열하여 문장을 만드세요.

① 我 / 喜欢 / 不 / 麻辣烫 / 吃

➡ _____

② 他 / 去 / 过 / 还 / 没 / 北京

➡ _____

▶ 정답 → 204쪽

부록

你叫什么名字?
당신의 이름은 무엇인가요?

맛있는 어법 ➜ 26~27쪽

1 ❶ 你叫什么名字?

  ❷ 她姓什么?

맛있는 문장 연습 ➜ 28쪽

1 그의 성은 뭐예요?

  그는 왕씨예요.

  그녀는 이씨예요?

  그녀는 김씨예요, 이씨가 아니라요.

2 당신의 이름은 뭐예요?

  나는 장샤오잉이라고 해요.

  그의 이름은 뭐예요?

  그는 이동민이라고 해요.

3 당신은 요즘 잘 지내요?

  나는 잘 지내요.

  당신은 요즘 바빠요?

  나는 무척 바빠요.

그림 보고 말하기 ➜ 29쪽

1 他姓王，叫王龙龙。

2 她姓怀特，叫安娜怀特。

3 她姓张，叫张小英。

4 他姓吐温，叫马克吐温。

연습 문제 ➜ 30~31쪽

1 ❶ 怎么样　　❷ 贵

  ❸ 叫　　　　❹ 姓

2 [참고 답안]

  ❶ 我叫李东民。

  ❷ 我姓李。

  ❸ 我很好。

녹음 원문 🎧

❶ 你叫什么名字?

❷ 您贵姓?

❸ 你最近好吗?

❶ 당신의 이름은 무엇입니까?

❷ 당신의 성은 무엇입까?

❸ 당신은 요즘 잘 지냅니까?

3 ❶ B　　　❷ A　　　❸ C

4 ❶ 他姓什么?

  ❷ 认识你，很高兴。

  ❸ 我姓金。

  ❹ 我最近很好。

5

😊 你好! 您贵姓?

  Nǐ hǎo! Nín guìxìng?

🙂 我姓李，叫李东民。

  Wǒ xìng Lǐ, jiào Lǐ Dōngmín.

  你叫什么名字?

  Nǐ jiào shénme míngzi?

😊 我叫安娜。

  Wǒ jiào Ānnà.

맛있는 어법 ➔36~37쪽

1 ❶ 早上好! 또는 (你)早! 또는 早安!
　 ❷ 中午好! 또는 午安!
　 ❸ 晚上好! 또는 晚安!

맛있는 문장 연습 ➔38쪽

1 그녀는 누구예요?
　 이쪽은 제 동료예요.
　 그는 누구예요?
　 저쪽은 제 학교 친구예요.

2 당신은 어느 나라 사람이에요?
　 나는 한국인이에요.
　 당신은 중국인이에요?
　 나는 중국인이 아니고, 나는 일본인이에요.

3 당신은 어느 지역 사람이에요?
　 나는 베이징 사람이에요.
　 당신들은 상하이 사람이에요, 아니에요?
　 나는 상하이 사람이고, 그는 베이징 사람이에요.

그림 보고 말하기 ➔39쪽

1 他是英国人。
2 她是泰国人。
3 她是法国人。
4 他是中国人。

연습 문제 ➔40~41쪽

1 ❶ 你叫什么名字?
　 ❷ 你最近怎么样?
　 ❸ 你的老师是哪国人?
　 ❹ 他是谁?

2 ❶ D　　❷ C　　❸ A　　❹ B

녹음 원문 🎧
❶ 我是加拿大人。
❷ 他是日本人。
❸ 王老师是中国人。
❹ 马克是德国人。

❶ 나는 캐나다인입니다.
❷ 그는 일본인입니다.
❸ 왕 선생님은 중국인입니다.
❹ 마크는 독일인입니다.

3 ❶ C　　❷ B　　❸ A

4 ❶ 你是哪国人?
　 ❷ 他不是美国人,是英国人。
　 ❸ 那是我的同事。
　 ❹ 这是我的妈妈。

5

老师早! 这是我的朋友,安娜。
Lǎoshī zǎo! Zhè shì wǒ de péngyou, Ānnà.

您好! 认识您,很高兴。
Nín hǎo! Rènshi nín, hěn gāoxìng.

你好! 你是哪国人?
Nǐ hǎo! Nǐ shì nǎ guó rén?

我是美国人。
Wǒ shì Měiguórén.

정답 및 해석

3과 你家有几口人?
당신의 가족은 몇 명이에요?

맛있는 어법 ➜46~47쪽

2 ❶ 你身体好不好?
당신은 건강한가요, 건강하지 않은가요?

❷ 她眼睛很好看。
그녀는 눈이 예뻐요.

맛있는 문장 연습 ➜48쪽

1 당신의 가족은 몇 명이에요?
우리 가족은 세 명이에요.
당신 집에는 어떤 사람들이 있어요?
아빠, 엄마 그리고 저요.

2 당신의 가족은 몇 명이에요?
네 명이에요.
모두 어떤 사람들이 있어요?
남편, 아들 두 명과 저요.

3 당신은 형제자매가 있어요?
나는 형제자매가 없어요.
당신은 아이가 있어요?
나는 아들이 한 명 있어요.

그림 보고 말하기 ➜49쪽

1 ❶ 我家有六口人。
❷ 我爸爸身体很好。
2 ❶ 她家有三口人。
❷ 爸爸、妈妈和她。
3 ❶ 他有孩子。
❷ 他有两个孩子。
4 ❶ 我有兄弟姐妹。
또는 有，我有一个姐姐。

연습 문제 ➜50~51쪽

1 ❶ 我家有四口人。爸爸、妈妈、哥哥
和我。

❷ 爸爸、妈妈身体都很好。

2 ❶ 我工作不忙。/ 他工作很忙。
❷ 五口人。/ 他没有哥哥。

녹음 원문 🎧

❶ A 你工作忙吗?
B 我工作不忙。
A 他呢?
B 他工作很忙。
❷ A 他家有几口人?
B 五口人。
A 他有哥哥吗?
B 他没有哥哥。

❶ A 너는 일이 바빠?
B 나는 일이 바쁘지 않아.
A 그는?
B 그는 일이 바빠.
❷ A 그의 가족은 몇 명이야?
B 다섯 명이야.
A 그는 형이 있어?
B 그는 형이 없어.

3 ❶ B   ❷ C   ❸ A

4 ❶ 我家有五口人。
❷ 你妈妈身体好吗?
❸ 我工作不太忙。
❹ 我有一个妹妹。

5

你家有几口人?
Nǐ jiā yǒu jǐ kǒu rén?

我家有四口人，
Wǒ jiā yǒu sì kǒu rén,
爸爸、妈妈、哥哥和我。
bàba、māma、gēge hé wǒ.

你爸爸、妈妈身体好吗?
Nǐ bàba、māma shēntǐ hǎo ma?

他们都很好。
Tāmen dōu hěn hǎo.

他今年28岁。
그는 올해 28살이에요.

맛있는 어법 ➔56~57쪽

2 ❶ 重　　❷ 高
3 ❶ 他在大学教汉语。
　 ❷ 你在哪儿学汉语?

맛있는 문장 연습 ➔58쪽

1 당신은 올해 나이가 어떻게 되세요?
　나는 34살이에요.
　당신 아들은 몇 살이에요?
　그는 올해 5살이에요.

2 당신은 무슨 일을 하나요?
　나는 공무원이에요.
　그는 무슨 일을 하나요?
　그는 중국어 선생님이에요.

3 당신은 어디에서 일하나요?
　나는 일하지 않아요. 나는 학생이에요.
　그는 어디에서 일하나요?
　그는 병원에서 일해요. 그는 의사예요.

그림 보고 말하기 ➔59쪽

1 她今年二十六岁。
　她在医院工作。
2 他今年三十一岁。
　他在公司工作。
3 他今年二十岁。
　他是大学生。
4 她今年四十五岁。
　她是英语老师。

연습 문제 ➔60~61쪽

1 ❶ B　　❷ C　　❸ D　　❹ A

녹음 원문 🎧
❶ 我在公司工作，我是公司职员。
❷ 他在医院工作，他是医生。
❸ 小英不工作，她是学生。
❹ 王明在学校工作，他是老师。

❶ 나는 회사에서 일해요. 나는 회사원이에요.
❷ 그는 병원에서 일해요. 그는 의사예요.
❸ 샤오잉은 일하지 않아요. 그녀는 학생이에요.
❹ 왕밍은 학교에서 일해요. 그는 선생님이에요.

2 ❶ 他姓张。
　 ❷ 他叫张明。
　 ❸ 他在医院工作。
　 ❹ 他是医生。

3 ❶ A　　❷ C　　❸ B

4 ❶ 我在大学工作。
　 ❷ 我在中国学习。
　 ❸ 他不是老师，他是医生。
　 ❹ 我今年二十岁。

5
你哥哥今年多大?
Nǐ gēge jīnnián duō dà?

他今年28岁。
Tā jīnnián èrshíbā suì.

他工作吗?
Tā gōngzuò ma?

工作，他在电视台工作。
Gōngzuò, tā zài diànshìtái gōngzuò.

你的手机在钱包下边。
당신의 핸드폰은 지갑 밑에 있어요.

맛있는 어법 ➜ 66~67쪽

1 ❶里边　　　　❷旁边
　❸上边

2 ❶他的女朋友在电影院前边。
　❷医院后边有银行。

3 ❶吗　　❷吗　　❸呢

맛있는 문장 연습 ➜ 68쪽

1 위쪽.
　탁자 위.
　탁자 위에 있어요.
　연필은 탁자 위에 있어요.

2 앞쪽.
　내 앞.
　내 앞에 있어요.
　선생님은 제 앞에 계세요.

3 옆쪽.
　은행 옆.
　은행 옆에 있어요.
　우체국은 은행 옆에 있어요.

그림 보고 말하기 ➜ 69쪽

1 袜子在椅子下边。
2 书包在电视旁边。
3 娃娃在书包里边。
4 椅子在桌子前边。
5 小狗在桌子后边。
6 鞋在桌子下边。

연습 문제 ➜ 70~71쪽

1 ❶D　　　❷A　　　❸B　　　❹C

녹음 원문 🎧

❶ 铅笔在桌子上边。
❷ 书包在床上边。
❸ 书店在图书馆旁边。
❹ 我家在学校后边。

❶ 연필은 탁자 위에 있습니다.
❷ 책가방은 침대 위에 있습니다.
❸ 서점은 도서관 옆에 있습니다.
❹ 우리 집은 학교 뒤에 있습니다.

2 ❶你喝什么?
　❷你去哪儿?
　❸你的书在哪儿?
　❹你有男朋友吗?

3 ❶B　　　❷C　　　❸A

4 ❶我的手机在书包里边。
　❷杯子在桌子上边。
　❸他在我后边。
　❹银行在医院旁边。

5
　🧑 我的手机在哪儿?
　　Wǒ de shǒujī zài nǎr?
　🧑 你的手机在钱包下边。
　　Nǐ de shǒujī zài qiánbāo xiàbian.
　🧑 我的钱包呢?
　　Wǒ de qiánbāo ne?
　🧑 在桌子上边。
　　Zài zhuōzi shàngbian.

你的生日是几月几号?
당신의 생일은 몇 월 며칠이에요?

맛있는 어법 ➜ 76~77쪽

2 ❶ 二零二二年二月十二号
  ❷ 六月三十一号星期二
  ❸ 十月八号星期天

맛있는 문장 연습 ➜ 78쪽

1 오늘은 무슨 요일이에요?
  오늘은 일요일이에요.
  어제는 금요일이었어요?
  어제는 금요일이 아니라 토요일이었어요.

2 오늘은 몇 월 며칠이에요?
  오늘은 8월 17일이에요.
  내일은 며칠이에요?
  내일은 18일이에요.

3 당신은 언제 중국에 가나요?
  나는 10월 9일에 중국에 가요.
  10월 9일은 무슨 요일이에요?
  10월 9일은 일요일이에요.

그림 보고 말하기 ➜ 79쪽

1 后天五月三十号,星期六。
2 爸爸的生日是五月十九号,星期二。
3 儿童节是五月五号,星期二。
4 母亲节[父亲节]是五月八号,星期五。
5 教师节是五月十五号,星期五。

연습 문제 ➜ 80~81쪽

1 ❶ 二月十四号
  ❷ 六月十九号
  ❸ 十二月二十五号

2 ❶ 今天八月二十七号。
  ❷ 今天不是星期四,是星期五。

❸ 八月二十九号是星期天。
❹ 明年是2022年。

┌─ 녹음 원문 🎧 ─
❶ 今天几月几号?
❷ 今天是星期四吗?
❸ 八月二十九号是星期几?
❹ 明年是二零几几年?
└─

❶ 오늘은 몇 월 며칠입니까?
❷ 오늘은 목요일입니까?
❸ 8월 29일은 무슨 요일입니까?
❹ 내년은 이천 몇 년도입니까?

3 ❶ A   ❷ C   ❸ B

4 ❶ 明天不是星期三。
  ❷ 今天是十一号吗?
  ❸ 你的生日是几月几号?
  ❹ 我后天去中国。

5

你的生日是几月几号?
Nǐ de shēngrì shì jǐ yuè jǐ hào?

四月十四号。你呢?
Sì yuè shísì hào. Nǐ ne?

今天就是我的生日。
Jīntiān jiù shì wǒ de shēngrì.

真的? 祝你生日快乐!
Zhēnde? Zhù nǐ shēngrì kuàilè!

7과 下午去看电影。
오후에 영화 보러 가요.

맛있는 어법 ➜86~87쪽

1 ❶ 上个星期一是六号。
  ❷ 下个星期六是二十五号。
2 ❶ 我去超市买可乐。
  ❷ 她去咖啡店见朋友。

맛있는 문장 연습 ➜88쪽

1 당신은 어디 가나요?
  나는 학교에 가요.
  당신은 무엇을 하러 가나요?
  나는 수업하러 가요.

2 그는 어디 가나요?
  그는 도서관에 가요.
  그는 무엇을 하러 가나요?
  그는 책을 빌리러 가요.

3 엄마는 어디 가나요?
  엄마는 상점에 가요.
  엄마는 상점에 무엇을 하러 가나요?
  엄마는 상점에 물건을 사러 가요.

그림 보고 말하기 ➜89쪽

1 妈妈去饭馆儿吃饭。
2 哥哥去图书馆借书。
3 姐姐去电影院看电影。

연습 문제 ➜90~91쪽

1 ❶ 我下午去图书馆看书。
  또는 下午我去图书馆看书。
  나는 오후에 도서관에 책을 보러 갑니다.
  ❷ 我们都去饭馆儿吃饭。
  우리는 모두 식당에 밥을 먹으러 갑니다.

2 ❶ 我去商店。/ 我去买牛奶。
  ❷ 我去朋友家。/ 我去借书。

녹음 원문 🎧

❶ A 东民，你去哪儿？
  B 我去商店。
  A 你去买什么？
  B 我去买牛奶。
❷ A 今天晚上你去哪儿？
  B 我去朋友家。
  A 你去做什么？
  B 我去借书。

❶ A 동민아, 너는 어디 가니?
  B 나는 상점에 가.
  A 너는 뭘 사러 가니?
  B 나는 우유를 사러 가.
❷ A 오늘 저녁에 너는 어디 가니?
  B 나는 친구 집에 가.
  A 너는 뭘 하러 가니?
  B 나는 책을 빌리러 가.

3 ❶ C   ❷ B   ❸ A

4 ❶ 我这个星期天去看电影。
  ❷ 你去做什么？
  ❸ 我去咖啡店喝茶。
  ❹ 我去商店买水果。

5

😊 这个星期六你忙吗？
  Zhège xīngqīliù nǐ máng ma?

😊 很忙，上午去商店买东西。
  Hěn máng, shàngwǔ qù shāngdiàn
  mǎi dōngxi.

😊 下午做什么？
  Xiàwǔ zuò shénme?

😊 下午去看电影。
  Xiàwǔ qù kàn diànyǐng.

我给你买衣服。
내가 당신에게 옷을 사줄게요.

맛있는 어법 ➔96~97쪽

1 ❶ 당신들은 2시에 가세요. [명령]
   ❷ 당신은 커피를 안 마시죠? [추측]
   ❸ 우리 함께 햄버거 먹으러 가요! [제안]

2 ④

맛있는 문장 연습 ➔98쪽

1 당신들은 어디에서 밥을 먹나요?
   우리는 식당에서 밥을 먹어요.
   아빠는 어디에서 일하세요?
   아빠는 회사에서 일하세요.

2 당신은 누구와 상점에 가나요?
   나는 친구와 상점에 가요.
   당신은 누구와 함께 밥을 먹나요?
   나는 선생님과 함께 밥을 먹어요.

3 당신은 누구에게 전화를 하나요?
   나는 할아버지께 전화를 해요.
   아빠는 누구에게 요리를 해주나요?
   아빠는 저에게 요리를 해주세요.

그림 보고 말하기 ➔99쪽

1 ❶ 东民跟妈妈去商店。
   ❷ 妈妈给妹妹做蛋糕。
2 ❶ 哥哥跟朋友们一起喝酒。
   ❷ 姐姐给爷爷打电话。

연습 문제 ➔100~101쪽

1 ❶ 每天早上我在补习班学汉语。
   또는 我每天早上在补习班学汉语。
   매일 아침 나는 학원에서 중국어를 배웁니다.
   ❷ 星期天爸爸给我们做中国菜。
   또는 爸爸星期天给我们做中国菜。
   일요일에 아빠는 우리에게 중국요리를 해주

십니다.

2 ❶ 在银行工作
   ❷ 我给女朋友

┌─ 녹음 원문 🎧 ─────────────────
❶ A 你爸爸在哪儿工作？
   B 我爸爸在银行工作。
❷ A 你给谁买衣服？
   B 我给女朋友买衣服。
├─────────────────────────
❶ A 너희 아빠는 어디에서 일하시니？
   B 우리 아빠는 은행에서 일하셔.
❷ A 너는 누구에게 옷을 사주니？
   B 나는 여자 친구에게 옷을 사줘.
└─────────────────────────

3 ❶ 吧   ❷ 跟   ❸ 在

4 ❶ 我在百货商店买衣服。
   ❷ 我每天十二点跟(和)朋友们一起吃
      饭。
   ❸ 姐姐每天晚上给男朋友打电话。
   ❹ 没关系。

5
🧑 今天我们在哪儿买衣服？
   Jīntiān wǒmen zài nǎr mǎi yīfu?

👩 去百货商店吧。我给你买衣服。
   Qù bǎihuò shāngdiàn ba. Wǒ gěi nǐ mǎi
   yīfu.

🧑 真的吗? 那儿的衣服非常贵。
   Zhēnde ma? Nàr de yīfu fēicháng guì.

👩 没关系，我有钱。
   Méi guānxi, wǒ yǒu qián.

정답 및 해석

퍼즐 →102쪽

今	多	电	厨	工	国
年	商	面	乐	邮	作
局	名	字	京	兴	边
么	今	期	生	后	节
午	认	关	日	系	察
视	职	识	东	身	体

1 今年 jīnnián 올해
2 名字 míngzi 이름
3 工作 gōngzuò 일, 일하다
4 生日 shēngrì 생일
5 认识 rènshi 알다, 인식하다
6 身体 shēntǐ 신체, 건강

9과 你吃饭了吗?
당신은 식사했어요?

맛있는 어법 →106~107쪽

1 ❶ 上来　　　　❷ 进来
2 ❶ 起床了吗? 起床了没有?
　　/ 没起床。
　❷ 他去了吗? 他去了没有?
　　/ 他没去。
　❸ 老师来了吗? 老师来了没有?
　　/ 老师没来。

맛있는 문장 연습 →108쪽

1 말씀 좀 묻겠습니다. 여기에 화장실이 있나요?
　있어요.
　몇 층에 있나요?
　2층에 있어요. 올라가세요.

2 밥을 먹었어요. 밥을 먹지 않았어요.
　술을 마셨어요. 술을 마시지 않았어요.
　옷을 샀어요. 옷을 사지 않았어요.
　책을 봤어요. 책을 보지 않았어요.

3 옷을 샀어요?
　옷을 한 벌 샀어요.
　책을 봤어요?
　책을 한 권 봤어요.

그림 보고 말하기 →109쪽

1 妹妹下来。
2 姐姐进来。
3 小狗出来。
4 爸爸起床了。妈妈还没起床。
5 姐姐吃饭了。哥哥还没吃饭。

연습 문제 →110~111쪽

1 ❶ C　　　❷ E　　　❸ A
　❹ B　　　❺ D

2 去商店了 / 很多香蕉 / 一个蛋糕

┌─ 녹음 원문 ─────────────────┐
│ A 昨天你去哪儿了?
│ B 我和妈妈去商店了。
│ A 你们买什么了?
│ B 我买了很多香蕉，妈妈买了一个蛋
│ 　糕。
├─────────────────────────┤
│ A 어제 너는 어디 갔었어?
│ B 나는 엄마와 상점에 갔었어.
│ A 뭘 샀어?
│ B 나는 바나나를 많이 샀고, 엄마는 케이크를 하나
│ 　샀어.
└─────────────────────────┘

3 ❶ 没　　　❷ 死了　　　❸ 了

4 ❶ 你买书了吗?
　❷ 他还没回来。

❸ 累死了。
❹ 快来吃饭吧。

5 姐姐　你回来了?
　东民　姐姐，你吃饭了吗?
　姐姐　吃了。你呢?
　东民　我还没吃，饿死了。
　姐姐　快来吃饭吧。

 你会说汉语吗?
당신은 중국어를 할 줄 아나요?

맛있는 어법 ➔116~117쪽

1 ❶ 他会游泳吗?
　❷ 我不会说英语。
2 ❶ B　　　❷ B

맛있는 문장 연습 ➔118쪽

1 들어오세요.
　읽으세요.
　드세요.
　말씀하세요.

2 당신은 운전할 줄 알아요?
　나는 운전할 줄 알아요.
　그는 운전할 줄 알아요. 몰라요?
　그는 운전할 줄 몰라요.

3 형(오빠)는 수영할 줄 알아요.
　나는 수영할 줄 모르지만, 나는 피아노를 칠 줄
　알아요.
　누나(언니)는 영어를 할 줄 알아요.
　나는 영어를 조금 할 줄 알아요.

그림 보고 말하기 ➔119쪽

1 爸爸会做菜。
　爸爸会打保龄球。
　爸爸不会弹钢琴。
2 哥哥会游泳。
　哥哥会说汉语。
　哥哥不会做菜。
3 姐姐会说英语。
　姐姐会弹钢琴。
　姐姐不会开车。

연습 문제 ➔120~121쪽

1 ❶ 我不会说汉语，我要学习。
　❷ 你会不会做中国菜?
　❸ 我在美国学英语，我会说英语。

2 ❶ B　　　❷ C　　　❸ A

3 ❶ 哥哥会做中国菜。
　❷ 哥哥做的菜非常好吃。
　❸ 我会做日本菜。
　❹ 哥哥不会说汉语。

┌─ 녹음 원문 🎧 ─┐

哥哥会做中国菜，他做的菜非常好
吃。我会做日本菜，朋友们很喜欢吃
我做的菜。我会说汉语。哥哥不会说
汉语，他会说日语。

형(오빠)는 중국요리를 할 줄 압니다. 형(오빠)가
만든 요리는 아주 맛있습니다. 나는 일본 요리를
할 줄 압니다. 친구들은 내가 만든 요리를 좋아합
니다. 나는 중국어를 할 줄 압니다. 형(오빠)는 중
국어를 할 줄 모르지만, 일본어를 할 줄 압니다.

4 ❶ 这是我的中国朋友王明。
　❷ 你会开车吗?
　❸ 我会游泳。
　❹ 请喝茶。

5 小英 请坐，请喝茶。你会说汉语吗？
　东民 会，她的汉语很好。
　安娜 不，我会说一点儿。
　小英 你的发音很不错。

 我在开车。
나는 운전하고 있어요.

맛있는 어법 ➜ 126~127쪽

1 ❶ ~에 있다
　❷ ~하고 있다, ~하고 있는 중이다
　❸ ~에서

맛있는 문장 연습 ➜ 128쪽

1 여보세요, 이 선생님 계세요?
　죄송합니다만, 지금 안 계세요.
　당신은 위챗을 사용하나요?
　이게 제 QR 코드예요.

2 당신은 무엇을 하고 있나요?
　나는 일하고 있어요.
　그는 무엇을 하고 있나요?
　그는 자고 있어요.

3 당신은 숙제를 하고 있나요?
　나는 숙제를 하고 있어요.
　그도 숙제를 하고 있나요?
　그는 숙제를 하고 있지 않고, 그는 핸드폰을 보
　고 있어요.

그림 보고 말하기 ➜ 129쪽

1 ❶ 妈妈在洗碗。
　❷ 弟弟在做作业。
　❸ 爷爷在打高尔夫球。
　❹ 东民在跑步。

2 ❶ 爸爸没在看书，他在看电视。
　❷ 爷爷没在打高尔夫球，他在休息。

연습 문제 ➜ 130~131쪽

1 ❶ 我的老师在北京。
　저의 선생님은 베이징에 계십니다.
　❷ 妈妈在商店买东西。
　엄마는 상점에서 물건을 삽니다.
　❸ 爸爸在开车。
　아빠는 운전하고 있습니다.

2 ❶ 跟　　❷ 在　　❸ 附近

3 ❶ 我每天早上去老师家学汉语。
　❷ 今天我开车去老师家。
　❸ 老师住在学校附近。

┌─ 녹음 원문 🎧 ─────────────
│ 我每天早上去老师家学汉语。今天我
│ 开车去老师家。老师住在学校附近。
├─────────────────────
│ 나는 매일 아침 선생님 댁에 중국어를 배우러 갑니
│ 다. 오늘 나는 운전해서 선생님 댁에 갑니다. 선생
│ 님은 학교 근처에 삽니다.
└─────────────────────

4 ❶ 我在做作业。
　❷ 我没在看电视，在看书。
　❸ 喂，王老师在吗？
　❹ 我去老师家学弹吉他。

5 哥哥 喂，妈，我在开车。
　妈妈 你去哪儿？
　哥哥 我去老师家。
　妈妈 你去那儿干什么？
　哥哥 跟老师学汉语。

12과 你吃过中国菜吗?
당신은 중국요리를 먹어 본 적 있어요?

맛있는 어법 ➜ 136~137쪽

1 ❶B ❷D

2 ❶ 这是买的，那是借的。
❷ 大的是我的，小的是他的。

맛있는 문장 연습 ➜ 138쪽

1 당신은 훠궈를 먹어 본 적이 있어요?
나는 훠궈를 먹어 본 적이 없어요.
당신은 중국 노래를 들어 본 적이 있어요, 없어요?
나는 중국 노래를 들어 본 적이 있어요.

2 나는 운전할 줄 몰라요. 나는 배워 본 적이 없어요.
그는 수영할 줄 알아요. 그는 수영을 배운 적이 있어요.
이 글자를 당신은 알아요?
몰라요. 저는 배운 적이 없어요.

3 이것은 무슨 차예요?
이것은 중국차예요.
이것은 누구 거예요?
이것은 엄마 거예요.

그림 보고 말하기 ➜ 139쪽

1 我学过英语。
我没学过英语。
2 我吃过中国菜。
我没吃过中国菜。
3 我去过法国。
我没去过法国。
4 我打过高尔夫球。
我没打过高尔夫球。

연습 문제 ➜ 140~141쪽

1 ❶ 我的书在这儿，你的呢?
내 책은 여기에 있는데, 당신 것은요?

❷ 我妹妹没学过弹钢琴。
내 여동생은 피아노를 배운 적이 없습니다.
❸ 他来过我家。
그는 우리 집에 온 적이 있습니다.

2 ❶ 的 ❷ 过 ❸ 一下

3 ❶ 他去过中国。
❷ 他去过北京和上海。
❸ 他吃过火锅。

> ── 녹음 원문 🎧 ──
>
> A 马克，你去过中国吗?
> B 我去过中国。
> A 你去过哪里?
> B 我去过北京和上海。
> A 你吃过麻辣烫没有?
> B 我没吃过。我吃过火锅。
> A 麻辣烫很好吃，你尝一下吧。
>
> ─────────────────
>
> A 마크, 너는 중국에 가본 적 있어?
> B 중국에 가본 적 있어.
> A 어디를 가봤는데?
> B 베이징과 상하이를 가봤어.
> A 마라탕을 먹어 본 적 있어, 없어?
> B 먹어 본 적 없어. 나는 훠궈를 먹어 봤어.
> A 마라탕은 맛있어. 한번 먹어 봐.

4 ❶ 你学过这个字吗?
❷ 这是姐姐的，那是弟弟的。
❸ 我听过中国歌。
❹ 我不会开车，我没学过。

5 东民 你吃过中国菜吗?
安娜 我没吃过。
东民 你尝一下。
安娜 这是谁做的?
东民 是我姐姐做的。

정답 및 해석

13과 怎么去?
어떻게 가나요?

맛있는 어법 → 146~147쪽

1 ❶ 我不想打保龄球。
  ❷ 你想不想吃法国菜?

3 ❶ 坐 ❷ 骑 ❸ 坐

맛있는 문장 연습 → 148쪽

1 당신은 무엇이 먹고 싶나요?
  나는 일본 요리가 먹고 싶어요.
  당신은 커피를 마시고 싶나요?
  나는 커피를 마시고 싶지 않아요. 나는 차를 마시고 싶어요.

2 당신들은 어떻게 가나요?
  우리는 배를 타고 가요.
  그들은 어떻게 가나요?
  그들은 택시를 타고 가요.

3 나는 자전거를 타고 등교해요.
  나는 오토바이를 타고 출퇴근해요.
  나는 비행기를 타고 베이징에 가요.
  나는 지하철을 타고 영화관에 가요.

그림 보고 말하기 → 149쪽

1 爸爸坐飞机去美国。
2 东民和小英坐出租车去天安门。
3 哥哥和女朋友骑摩托车去游乐场。

연습 문제 → 150~151쪽

1 ❶ 我们什么时候去动物园?
  ❷ 这是谁买的衣服?
  ❸ 今天我们在哪儿吃饭?
  ❹ 爸爸怎么去中国?

2 ❶ A ❷ C ❸ B

3 ❶ 今天天气很好。
  ❷ 他们今天去游乐场。
  ❸ 他们坐出租车去。

┌─ 녹음 원문 🎧 ─
│ A 今天天气很好，我们出去玩儿吧。
│ B 去动物园，怎么样?
│ A 我想去游乐场。
│ B 是吗? 那么，今天去游乐场吧。
│ A 怎么去?
│ B 你会骑自行车吗?
│ A 不会，我们坐出租车去吧。
│ B 好。
├──────────────
│ A 오늘 날씨가 좋아. 우리 나가서 놀자.
│ B 동물원에 가는 게 어때?
│ A 나는 놀이공원에 가고 싶어.
│ B 그래? 그럼 오늘은 놀이공원에 가자.
│ A 어떻게 가지?
│ B 너는 자전거를 탈 줄 알아?
│ A 아니, 우리 택시 타고 가자.
│ B 좋아.
│   **단어** 那么 nàme 접 그러면, 그렇다면
└──────────────

4 ❶ 今天天气真好，出去玩儿吧。
  ❷ 我想去中国。
  ❸ 我很喜欢开车。
  ❹ 我不想坐公共汽车。

5 东民 你想去哪儿?
  安娜 我想去动物园看熊猫。
  东民 我们怎么去?
  安娜 骑自行车去吧。
  东民 好，我很喜欢骑自行车。

她喜欢什么颜色?
그녀는 무슨 색을 좋아하나요?

맛있는 어법 ➜ 156~157쪽

2 ❶ 我要吃热狗。/ 我不想吃热狗。

❷ 我要骑自行车去。/ 我不想骑自行车去。

맛있는 문장 연습 ➜ 158쪽

1 당신은 중국에 공부하러 갈 거예요?
나는 중국에 공부하러 갈 거예요.
그도 중국에 공부하러 가려고 하나요?
그는 중국에 공부하러 가고 싶어 하지 않아요.

2 나는 맥주를 마시고 싶지 않아요.
나는 커피를 한 잔 마실 거예요.
그는 신발을 사고 싶어 하지 않아요.
그는 옷을 한 벌 사려고 해요.

3 당신은 검은색을 좋아하나요?
나는 검은색을 좋아하지 않아요.
그녀는 파란색을 좋아하나요, 좋아하지 않나요?
그녀는 파란색을 좋아해요.

그림 보고 말하기 ➜ 159쪽

1 妹妹喜欢黄色的衣服和红色的书包。
2 爸爸喜欢灰色的衣服和黑色的鞋。
3 姐姐喜欢橘黄色的衣服和棕色的袜子。
4 妈妈喜欢粉红色的衣服和红色的钱包。

연습 문제 ➜ 160~161쪽

1 ❶ 我要买一个书包。
나는 책가방을 하나 사려고 합니다.

❷ 你喜欢什么颜色?
당신은 무슨 색을 좋아하나요?

2 ❶ 给　　❷ 什么　　❸ 要

3 ❶ D - ㄹ　　❷ A - ㄷ
❸ B - ㄱ　　❹ C - ㄴ

─ 녹음 원문 🎧 ─

我妈妈喜欢红色，妈妈的鞋是红色的。我妹妹喜欢粉红色，她的衣服都是粉红色的。我哥哥不喜欢粉红色，他喜欢黑色，他的车是黑色的。我不喜欢黑色，我喜欢蓝色，我的书包是蓝色的。

우리 엄마는 빨간색을 좋아합니다. 엄마의 신발은 빨간색입니다. 내 여동생은 분홍색을 좋아합니다. 그녀의 옷은 모두 분홍색입니다. 우리 형(오빠)는 분홍색을 좋아하지 않습니다. 그는 검은색을 좋아합니다. 그의 차는 검은색입니다. 나는 검은색을 좋아하지 않습니다. 나는 파란색을 좋아합니다. 나의 책가방은 파란색입니다.

4 ❶ 欢迎光临!
❷ 我要给弟弟买衣服。
❸ 我最喜欢红色。
❹ 我要买电脑。

5 售货员 欢迎光临! 你要什么?
东民　我要给妈妈买一个钱包。
售货员 你看，这个怎么样?
东民　真好看，我就买这个吧。

정답 및 해석

15과 多少钱一斤?
한 근에 얼마예요?

맛있는 어법 ➜ 166~167쪽

2 ❶ 一百零四块四(毛)
  ❷ 六十五块二(毛)
  ❸ 九十七块两毛四(分)

맛있는 문장 연습 ➜ 168쪽

1 이 옷은 얼마예요?
  이 책은 얼마예요?
  저 신발은 얼마예요?
  저 맥주는 얼마예요?

2 귤은 한 근에 얼마예요?
  귤은 한 근에 2.4위안이에요.
  딸기는 어떻게 팔아요?
  한 근에 14.5위안이에요.

3 옷 한 벌은 480위안이에요.
  책 한 권은 22.9위안이에요.
  신발 한 켤레는 167위안이에요.
  전부 669.9위안이에요.

그림 보고 말하기 ➜ 169쪽

1 一个娃娃五十块。
2 两件衣服七百块。
3 两斤橘子四块八，一斤香蕉五块八，
  一共十块六。

연습 문제 ➜ 170~171쪽

1 ❶ 二十六块   ❷ 五十四块

2 ❶ C   ❷ A   ❸ B

3 ❶ ×   ❷ ×   ❸ ○   ❹ ○

녹음 원문 🎧

今天下午我跟朋友一起去书店了，我们要买书。一本汉语书39.80元，一本英语书47.70元。我买了一本汉语书，我的朋友买了一本汉语书和两本英语书。

오늘 오후에 나는 친구와 함께 책을 사려고 서점에 갔습니다. 중국어 책은 한 권에 39.8위안이고, 영어 책은 한 권에 47.7위안입니다. 나는 중국어 책을 한 권 샀고, 내 친구는 중국어 책 한 권과 영어 책 두 권을 샀습니다.

4 ❶ 几杯 / 杯
  ❷ 多少(个) / 个
  ❸ 几件 / 件
  ❹ 几支 / 支

5 姐姐 东民，你吃苹果吧。
  东民 这个苹果真甜！在哪儿买的？
  姐姐 在超市买的。
  东民 多少钱一斤？
  姐姐 四块五一斤。

16과 汉语难不难?
중국어는 어렵나요, 어렵지 않나요?

맛있는 어법 ➔ 176~177쪽

1 ❶ 听他说今天没有课。
  ❷ 听说麻辣烫很好吃。

맛있는 문장 연습 ➔ 178쪽

1 듣자 하니 그는 내년에 중국에 가려고 한대요.
  나는 그가 중국에 가려고 한다는 걸 못 들었어요.
  당신은 그가 중국에 가려고 한다는 걸 들었어요,
  못 들었어요?
  나는 그가 중국에 가려고 한다는 걸 들은 적이
  있어요.

2 중국어는 어때요?
  읽기와 쓰기는 쉬운데, 듣기와 말하기는 어려워요.
  당신의 선생님은 어때요?
  그는 성실해서, 우리는 모두 그를 좋아해요.

3 나는 기타를 배우고 싶어요.
  당신도 나와 함께 기타를 배워요.
  나는 콘서트에 가고 싶어요.
  당신은 나와 함께 콘서트에 가요.

그림 보고 말하기 ➔ 179쪽

1 爸爸在学日语。他想去日本。
2 姐姐很饿。她想吃饭。
3 老师很困。她想喝咖啡。
4 哥哥很累。他想休息。

연습 문제 ➔ 180~181쪽

1 ❶ 天天   ❷ 认真   ❸ 听说

2 ❶ B   ❷ A   ❸ C

3 ❶ 他们最近学英语。
  ❷ 他们在英语补习班学。

❸ 每天下午五点上课，六点下课。
❹ 他们的老师是美国人。她非常认真。
❺ 他们明年去美国。

─ 녹음 원문 🎧 ─
我跟弟弟明年要去美国。最近我们去
英语补习班学英语。每天下午五点上
课，六点下课。我们的老师是美国人。
她非常认真。我们都很喜欢我们的老
师。每天跟她学英语很有意思。

나와 남동생은 내년에 미국에 가려고 합니다. 요
즘 우리는 영어 학원에 영어를 배우러 갑니다. 매
일 오후 5시에 수업해서, 6시에 수업이 끝납니다.
우리의 선생님은 미국인입니다. 그녀는 무척 성실
합니다. 우리는 모두 우리의 선생님을 좋아합니다.
매일 그녀에게 영어를 배우는 것이 재미있습니다.

4 ❶ 听说，你最近学韩(国)语。
  ❷ 你也跟我一起学汉语吧。
  ❸ 汉语有意思吗？
  ❹ 听说今天下雨。

5 朋友 听说你最近在学汉语。
  东民 是的。我天天跟中国老师学汉
        语。
  朋友 汉语难不难？
  东民 听和说不太难，写很难。

퍼즐 ➔ 182쪽

정답

종합 평가 →183~186쪽

1 ❶ ○ ❷ × ❸ ○

┌─ 녹음 원문 🎧 ─
❶ 很高兴
❷ 坐出租车
❸ 打电话
├──────────
❶ 기쁘다
❷ 택시를 타다
❸ 전화를 하다
└──────────

2 ❶ B ❷ C ❸ B

┌─ 녹음 원문 🎧 ─
❶ 他今年二十一岁。
❷ A 你是哪国人？
　 B 我是英国人。
❸ A 你爸爸在做什么呢？
　 B 他在看电视。
├──────────
❶ 그는 올해 21살입니다.
❷ A 너는 어느 나라 사람이니?
　 B 나는 영국인이야.
❸ A 너희 아빠는 뭐 하고 계시니?
　 B TV를 보고 계셔.
└──────────

3 ❶ C ❷ C ❸ B ❹ A

┌─ 녹음 원문 🎧 ─
❶ 他明天坐飞机去中国，星期天回来。
　 질문 他什么时候回来？
❷ 她是我女儿的同学，她在医院工作。
　 질문 谁在医院工作？
❸ 她上午去买东西，下午去看电影。
　 질문 她下午做什么？
❹ 今天是四月十四号，星期一。
　 질문 昨天是几号？
├──────────
❶ 그는 내일 비행기를 타고 중국에 가서 일요일에 돌아옵니다.
　 질문 그는 언제 돌아오나요?
❷ 그녀는 내 딸의 학교 친구인데, 병원에서 일합니다.
└──────────

질문 누가 병원에서 일하나요?
❸ 그녀는 오전에는 물건을 사러 가고, 오후에는 영화를 보러 갑니다.
　 질문 그녀는 오후에 뭘 하나요?
❹ 오늘은 4월 14일 월요일입니다.
　 질문 어제는 며칠이었나요?

4 ❶ 店 ❷ 字 ❸ 学

5 三百九十块

6 ❶ 上边 ❷ 前边

7 D

8 ❶ C ❷ A ❸ E
　 ❹ B ❺ D

9 D

10 ❶ 他(还)没起床。
　 ❷ 我不想买车。
　 ❸ 他没在做作业。

11 ❶ C ❷ E ❸ B
　 ❹ A ❺ F ❻ D

12 ❶ 我不喜欢吃麻辣烫。
　 ❷ 他还没去过北京。

찾아보기

찾아보기

주제별 단어

『최신 개정 맛있는 중국어 Level ❷ 기초 회화』의
주제별 단어를 보며 복습해 보세요.

국가&도시

☐ 한국	韩国 Hánguó		☐ 캐나다	加拿大 Jiānádà	
☐ 중국	中国 Zhōngguó		☐ 러시아	俄罗斯 Éluósī	
☐ 일본	日本 Rìběn		☐ 태국	泰国 Tàiguó	
☐ 미국	美国 Měiguó		☐ 인도	印度 Yìndù	
☐ 영국	英国 Yīngguó		☐ 서울	首尔 Shǒu'ěr	
☐ 프랑스	法国 Fǎguó		☐ 부산	釜山 Fǔshān	
☐ 독일	德国 Déguó		☐ 베이징	北京 Běijīng	
☐ 스페인	西班牙 Xībānyá		☐ 상하이	上海 Shànghǎi	

가족

☐ 할아버지	爷爷 yéye		☐ 언니	姐姐 jiějie	
☐ 할머니	奶奶 nǎinai		☐ 남동생	弟弟 dìdi	
☐ 외할아버지	外公 wàigōng		☐ 여동생	妹妹 mèimei	
☐ 외할머니	外婆 wàipó		☐ 남편	丈夫 zhàngfu	
☐ 아빠	爸爸 bàba		☐ 아내	妻子 qīzi	
☐ 엄마	妈妈 māma		☐ 아이	孩子 háizi	
☐ 형	哥哥 gēge		☐ 딸	女儿 nǚ'ér	
☐ 오빠	哥哥 gēge		☐ 아들	儿子 érzi	
☐ 누나	姐姐 jiějie		☐ 형제자매	兄弟姐妹 xiōngdì jiěmèi	

장소

☐ 방송국	电视台 diànshìtái		☐ 백화점	百货商店 bǎihuò shāngdiàn	
☐ 대학	大学 dàxué		☐ 공원	公园 gōngyuán	
☐ 영화관	电影院 diànyǐngyuàn		☐ 화장실	洗手间 xǐshǒujiān	
☐ 지하철역	地铁站 dìtiězhàn		☐ 동물원	动物园 dòngwùyuán	
☐ 우체국	邮局 yóujú		☐ 놀이공원	游乐场 yóulèchǎng	
☐ 상점	商店 shāngdiàn				

직업

□ 의사	医生 yīshēng		□ 수의사	兽医 shòuyī
□ 공무원	公务员 gōngwùyuán		□ 과학자	科学家 kēxuéjiā
□ 중국어 선생님	汉语老师 Hànyǔ lǎoshī		□ 경찰	警察 jǐngchá
□ 방송국 PD	电视导演 diànshì dǎoyǎn		□ 엔지니어	工程师 gōngchéngshī
□ 대학생	大学生 dàxuéshēng		□ 모델	模特儿 mótèr
□ 회사원	公司职员 gōngsī zhíyuán		□ 바리스타	咖啡师 kāfēishī
□ 요리사	厨师 chúshī		□ 유튜버	油管博主 yóuguǎn bózhǔ

위치

□ 위쪽	上边(儿) shàngbian(r)		□ 가운데	中间 zhōngjiān
□ 아래쪽	下边(儿) xiàbian(r)		□ 옆	旁边(儿) pángbiān(r)
□ 앞쪽	前边(儿) qiánbian(r)		□ 오른쪽	右边(儿) yòubian(r)
□ 뒤쪽	后边(儿) hòubian(r)		□ 왼쪽	左边(儿) zuǒbian(r)
□ 안쪽	里边(儿) lǐbian(r)		□ 맞은편	对面 duìmiàn
□ 바깥쪽	外边(儿) wàibian(r)			

시간사

□ 아침	早上 zǎoshang		□ 재작년	前年 qiánnián
□ 오전	上午 shàngwǔ		□ 작년	去年 qùnián
□ 정오	中午 zhōngwǔ		□ 올해	今年 jīnnián
□ 오후	下午 xiàwǔ		□ 내년	明年 míngnián
□ 저녁	晚上 wǎnshang		□ 후년	后年 hòunián
□ 그저께	前天 qiántiān		□ 지난달	上个月 shàng ge yuè
□ 어제	昨天 zuótiān		□ 이번 달	这个月 zhège yuè
□ 오늘	今天 jīntiān		□ 다음 달	下个月 xià ge yuè
□ 내일	明天 míngtiān		□ 지난주	上个星期 shàng ge xīngqī
□ 모레	后天 hòutiān		□ 이번 주	这个星期 zhège xīngqī
			□ 다음 주	下个星期 xià ge xīngqī

☐	월요일	星期一 xīngqīyī		☐	금요일	星期五 xīngqīwǔ
☐	화요일	星期二 xīngqī'èr		☐	토요일	星期六 xīngqīliù
☐	수요일	星期三 xīngqīsān		☐	일요일	星期天 xīngqītiān
☐	목요일	星期四 xīngqīsì				星期日 xīngqīrì

방향

☐	올라오다	上来 shànglai		☐	나오다	出来 chūlai
☐	올라가다	上去 shàngqu		☐	나가다	出去 chūqu
☐	내려오다	下来 xiàlai		☐	돌아오다	回来 huílai
☐	내려가다	下去 xiàqu		☐	돌아가다	回去 huíqu
☐	들어오다	进来 jìnlai		☐	건너오다	过来 guòlai
☐	들어가다	进去 jìnqu		☐	건너가다	过去 guòqu
				☐	일어나다	起来 qǐlai

동작

☐	일하다	工作 gōngzuò		☐	환영하다	欢迎 huānyíng
☐	공부하다	学习 xuéxí		☐	좋아하다	喜欢 xǐhuan
☐	놀다	玩(儿) wán(r)		☐	잠자다	睡觉 shuì jiào
☐	사다	买 mǎi		☐	빨래하다	洗衣服 xǐ yīfu
☐	팔다	卖 mài		☐	목욕하다	洗澡 xǐ zǎo
☐	사용하다	用 yòng		☐	쉬다	休息 xiūxi
☐	빌리다	借 jiè		☐	달리다	跑步 pǎo bù
☐	하다	做 zuò | 干 gàn		☐	산책하다	散步 sàn bù
☐	만나다	见 jiàn		☐	운전하다	开车 kāi chē
☐	앉다	坐 zuò		☐	등교하다	上学 shàng xué
☐	말하다	说 shuō		☐	출퇴근하다	上下班 shàng xià bān
☐	쓰다	写 xiě		☐	피아노를 치다	弹钢琴 tán gāngqín
☐	(소리 내어) 읽다	读 dú | 念 niàn		☐	기타를 치다	弹吉他 tán jítā
☐	맛보다	尝 cháng		☐	노래를 부르다	唱歌 chàng gē
☐	(동물이나 자전거 등을) 타다	骑 qí		☐	전화를 하다	打电话 dǎ diànhuà
☐	(교통수단을) 타다	坐 zuò		☐	문자 메시지를 보내다	发短信 fā duǎnxìn

| 숙제를 하다 | 做作业 zuò zuòyè | 음악을 듣다 | 听音乐 tīng yīnyuè |
| 설거지를 하다 | 洗碗 xǐ wǎn | | |

스포츠

농구를 하다	打篮球 dǎ lánqiú	수영하다	游泳 yóu yǒng
테니스를 치다	打网球 dǎ wǎngqiú	축구를 하다	踢足球 tī zúqiú
야구를 하다	打棒球 dǎ bàngqiú	볼링을 치다	打保龄球 dǎ bǎolíngqiú
탁구를 치다	打乒乓球 dǎ pīngpāngqiú	골프를 치다	打高尔夫球 dǎ gāo'ěrfūqiú

교통수단

자전거	自行车 zìxíngchē	지하철	地铁 dìtiě
오토바이	摩托车 mótuōchē	기차	火车 huǒchē
버스	公共汽车 gōnggòng qìchē	비행기	飞机 fēijī
택시	出租车 chūzūchē	배	船 chuán

색깔

빨간색	红色 hóngsè	갈색	棕色 zōngsè
주황색	橘黄色 júhuángsè	흰색	白色 báisè
노란색	黄色 huángsè	검은색	黑色 hēisè
초록색	绿色 lǜsè	회색	灰色 huīsè
파란색	蓝色 lánsè	분홍색	粉红色 fěnhóngsè
보라색	紫色 zǐsè	하늘색	天蓝色 tiānlánsè

언어

한국어	韩语 Hányǔ	프랑스어	法语 Fǎyǔ
	韩国语 Hánguóyǔ	독일어	德语 Déyǔ
중국어	汉语 Hànyǔ	스페인어	西班牙语 Xībānyáyǔ
일본어	日语 Rìyǔ	러시아어	俄语 Éyǔ
영어	英语 Yīngyǔ	태국어	泰语 Tàiyǔ

001

您贵姓?

Nín guìxìng?

당신의 성은 무엇인가요?

003

你叫什么名字?

Nǐ jiào shénme míngzi?

당신의 이름은 무엇인가요?

005

老师早!

Lǎoshī zǎo!

선생님, 안녕하세요!

007

我是美国人。

Wǒ shì Měiguórén.

나는 미국인이에요.

009

我家有四口人，
爸爸、妈妈、哥哥和我。

Wǒ jiā yǒu sì kǒu rén, bàba、māma、gēge hé wǒ.

우리 가족은 아빠, 엄마, 오빠(형) 그리고 나, 네 명이에요.

011

你哥哥今年多大?

Nǐ gēge jīnnián duō dà?

당신 오빠(형)은 올해 몇 살이에요?

013

他工作吗?

Tā gōngzuò ma?

그는 일해요?

015

我的手机在哪儿?

Wǒ de shǒujī zài nǎr?

내 핸드폰은 어디에 있어요?

017

我的钱包呢?

Wǒ de qiánbāo ne?

내 지갑은요?

019

你的生日是几月几号?

Nǐ de shēngrì shì jǐ yuè jǐ hào?

당신의 생일은 몇 월 며칠이에요?

021

今天就是我的生日。

Jīntiān jiù shì wǒ de shēngrì.

오늘이 바로 내 생일이에요.

023

这个星期六你忙吗?

Zhège xīngqīliù nǐ máng ma?

이번 주 토요일에 바빠요?

025

下午做什么?

Xiàwǔ zuò shénme?

오후에는 뭘 해요?

027

今天我们在哪儿买衣服?

Jīntiān wǒmen zài nǎr mǎi yīfu?

오늘 우리는 어디에서 옷을 사요?

029

真的吗? 那儿的衣服非常贵。

Zhēnde ma? Nàr de yīfu fēicháng guì.

정말이요? 그곳의 옷은 굉장히 비싸요.

016 你的手机在钱包下边。
Nǐ de shǒujī zài qiánbāo xiàbian.

당신의 핸드폰은 지갑 밑에 있어요.

* 핵심 문장 카드 활용법
1 「최신개정 맛있는 중국어 Level ❷ 기초 회화」의 핵심 문장만 정리해 놓았습니다.
2 「중국어-한국어-중국어」로 구성된 녹음을 들으며 중국어가 자연스럽게
  나올 때까지 연습해 보세요.
3 중국어 문장이 익숙해지면 한국어 문장을 보고 중국어로 말해 보세요.

018 在桌子上边。
Zài zhuōzi shàngbian.

탁자 위에 있어요.

002 我姓李，叫李东民。
Wǒ xìng Lǐ, jiào Lǐ Dōngmín.

나는 이씨고, 이동민이라고 해요.

020 四月十四号。你呢?
Sì yuè shísì hào. Nǐ ne?

4월 14일이에요. 당신은요?

004 认识你，很高兴。
Rènshi nǐ, hěn gāoxìng.

당신을 알게 되어 기뻐요.

022 真的? 祝你生日快乐!
Zhēnde? Zhù nǐ shēngrì kuàilè!

정말이요? 생일 축하해요!

006 你是哪国人?
Nǐ shì nǎ guó rén?

당신은 어느 나라 사람이에요?

024 很忙，上午去商店买东西。
Hěn máng, shàngwǔ qù shāngdiàn mǎi dōngxi.

바빠요, 오전에는 상점에 물건을 사러 가요.

008 你家有几口人?
Nǐ jiā yǒu jǐ kǒu rén?

당신의 가족은 몇 명이에요?

026 下午去看电影。
Xiàwǔ qù kàn diànyǐng.

오후에는 영화를 보러 가요.

010 你爸爸、妈妈身体好吗?
Nǐ bàba, māma shēntǐ hǎo ma?

당신 아빠, 엄마는 건강하세요?

028 去百货商店吧。我给你买衣服。
Qù bǎihuò shāngdiàn ba. Wǒ gěi nǐ mǎi yīfu.

백화점에 가요. 내가 당신에게 옷을 사줄게요.

012 他今年28岁。
Tā jīnnián èrshíbā suì.

그는 올해 28살이에요.

030 没关系，我有钱。
Méi guānxi, wǒ yǒu qián.

괜찮아요. 나는 돈이 있어요.

014 工作，他在电视台工作。
Gōngzuò, tā zài diànshìtái gōngzuò.

일해요, 그는 방송국에서 일해요.

최신 개정

맛있는 중국어
Level ❷ 기초 회화

JRC 중국어연구소 기획·저

워크북

부록 ▶ MP3 파일 무료 다운로드

중국어 회화
100만부 판매
베스트셀러

최신 개정

맛있는 중국어

Level ② 기초 회화

워크북

JRC 중국어연구소 기획·저

맛있는 books

你叫什么名字? 당신의 이름은 무엇인가요?
Nǐ jiào shénme míngzi?

맛있는 간체자 제시된 획순에 따라 써보세요.

贵姓 guìxìng 명 성씨[존칭]	一 口 曰 由 韦 肀 肀 贵 贵 ㄑ 攵 攵 女 攵 妒 妒 姓 姓			贵 귀할 귀	姓 성씨 성
	贵姓 guìxìng	贵姓 guìxìng			

姓 xìng 명 성씨 통 성이 ~이다	ㄑ 攵 攵 女 攵 妒 妒 姓 姓				姓 성씨 성
	姓 xìng	姓 xìng			

叫 jiào 통 ~라고 부르다	丨 口 口 叫 叫				叫 부르짖을 규
	叫 jiào	叫 jiào			

名字 míngzi 명 이름	丿 ク タ タ 名 名 丶 宀 宀 宁 字 字			名 이름 명	字 글자 자
	名字 míngzi	名字 míngzi			

认识 rènshi [동] 알다, 인식하다	` 讠 讠 认 认 ` 讠 讠 讱 识 识 识 识			認 알 인	識 알 식
	认识	认识			
	rènshi	rènshi			

高兴 gāoxìng [형] 기쁘다, 즐겁다	` 亠 亠 产 产 户 高 高 高 高 ` 丷 丷 丷 兴 兴			高 높을 고	興 일 흥
	高兴	高兴			
	gāoxìng	gāoxìng			

李 Lǐ [고유] 이[성씨]	一 十 十 木 木 李 李				李 오얏 리
	李	李			
	Lǐ	Lǐ			

王 Wáng [고유] 왕[성씨]	一 二 干 王				王 임금 왕
	王	王			
	Wáng	Wáng			

最近 zuìjìn [명] 요즘, 최근	` 冂 冂 冃 冃 昌 昌 昌 最 最 最 ` 厂 斤 斤 斤 近 近 近			最 가장 최	近 가까울 근
	最近	最近			
	zuìjìn	zuìjìn			

Track01

1 녹음을 듣고 해당되는 것들끼리 연결하고 성조를 표시하세요.

❶ 贵姓 •   • jiao •   • 이름

❷ 姓 •   • mingzi •   • 성씨, 성이 ~이다

❸ 叫 •   • renshi •   • 성씨[존칭]

❹ 名字 •   • xing •   • ~라고 부르다

❺ 认识 •   • guixing •   • 알다, 인식하다

❻ 高兴 •   • Li •   • 기쁘다, 즐겁다

❼ 最近 •   • Zhang •   • 요즘, 최근

❽ 李 •   • gaoxing •   • 왕[성씨]

❾ 张 •   • Wang •   • 이[성씨]

❿ 王 •   • zuijin •   • 장[성씨]

Track02

2 녹음을 듣고 빈칸을 채우세요.

❶ 你_____什么_____?

　Nǐ _____ shénme _____?

❷ 她_____张，_____张小英。

　Tā _____ Zhāng, _____ Zhāng Xiǎoyīng.

❸ 我_____非常_____。

　Wǒ _____ fēicháng _____.

❹ _____你们，很_____。

　_____ nǐmen, hěn _____.

1 다음 회화를 중국어로 말해 보세요.

안나 안녕! 너의 성은 뭐니?

➡ _____

동민 나는 이씨고, 이동민이라고 해.

➡ _____

너는 이름이 뭐니?

➡ _____

안나 나는 안나라고 해.

➡ _____

동민 만나서 반가워.

➡ _____

2 다음 질문에 중국어로 대답해 보세요.

❶ 您贵姓?
Nín guìxìng?

➡ _____

❷ 你叫什么名字?
Nǐ jiào shénme míngzi?

➡ _____

❸ 你最近好吗?
Nǐ zuìjìn hǎo ma?

➡ _____

❹ 认识你，很高兴。
Rènshi nǐ, hěn gāoxìng.

➡ _____

你是哪国人? 당신은 어느 나라 사람이에요?
Nǐ shì nǎ guó rén?

맛있는 간체자 제시된 획순에 따라 써보세요.

早 zǎo 형 안녕하세요 [아침 인사]	丨 冂 冂 日 旦 早				早 이를 조
	早	早			
	zǎo	zǎo			

哪 nǎ 대 어느	丨 叮 叮 叮 吁 吁 呷 哪 哪				哪 어찌 나
	哪	哪			
	nǎ	nǎ			

国 guó 명 나라	丨 冂 冂 月 月 国 国 国				國 나라 국
	国	国			
	guó	guó			

人 rén 명 사람	丿 人				人 사람 인
	人	人			
	rén	rén			

美国 **Měiguó** [고유] 미국	丶 丷 芏 半 羊 美 美 美 丨 冂 冂 冃 冃 用 国 国 国 美国　美国 Měiguó　Měiguó		美 아름다울 미	國 나라 국

日本 **Rìběn** [고유] 일본	丨 冂 冃 日 一 十 才 木 本 日本　日本 Rìběn　Rìběn		日 날 일	本 근본 본

英国 **Yīngguó** [고유] 영국	一 十 艹 艾 艻 苎 英 英 丨 冂 冂 冃 冃 用 国 国 国 英国　英国 Yīngguó　Yīngguó		英 꽃부리 영	國 나라 국

法国 **Fǎguó** [고유] 프랑스	丶 丶 氵 汁 汁 汼 法 法 丨 冂 冂 冃 冃 用 国 国 国 法国　法国 Fǎguó　Fǎguó		法 법 법	國 나라 국

德国 **Déguó** [고유] 독일	丿 彳 彳 彳 彳 徍 待 徔 徳 徳 徳 徳 徳 德 丨 冂 冂 冃 冃 用 国 国 国 德国　德国 Déguó　Déguó		德 덕 덕	國 나라 국

Track03

1 녹음을 듣고 해당되는 것들끼리 연결하고 성조를 표시하세요.

❶ 早 • • ren • • 미국

❷ 哪 • • zao • • 어느

❸ 国 • • na • • 안녕하세요[아침 인사]

❹ 人 • • Meiguo • • 사람

❺ 美国 • • guo • • 나라

❻ 韩国 • • Faguo • • 한국

❼ 中国 • • Hanguo • • 프랑스

❽ 日本 • • Riben • • 스페인

❾ 法国 • • Xibanya • • 중국

❿ 西班牙 • • Zhongguo • • 일본

2 녹음을 듣고 빈칸을 채우세요.
Track04

❶ 我不是＿＿＿＿＿人，我是＿＿＿＿＿人。

Wǒ bú shì ＿＿＿＿＿＿rén, wǒ shì ＿＿＿＿＿＿rén.

❷ 他是＿＿＿＿＿人。

Tā shì ＿＿＿＿＿＿rén.

❸ 这是我的＿＿＿＿＿。

Zhè shì wǒ de ＿＿＿＿＿＿.

❹ 那是我的＿＿＿＿＿。

Nà shì wǒ de ＿＿＿＿＿＿.

1 다음 회화를 중국어로 말해 보세요.

동민 선생님, 안녕하세요!

➡ _____

이쪽은 제 친구 안나예요.

➡ _____

안나 안녕하세요! 선생님을 알게 되어 기뻐요.

➡ _____

선생님 안녕하세요! 어느 나라 사람이에요?

➡ _____

안나 저는 미국인이에요.

➡ _____

> 어느 나라 사람이에요?

2 다음 질문에 중국어로 대답해 보세요.

❶ 早上好!
Zǎoshang hǎo!
🎤 _____

❷ 你是哪国人?
Nǐ shì nǎ guó rén?
🎤 _____

❸ 你是中国人吗?
Nǐ shì Zhōngguórén ma?
🎤 _____

❹ 你是哪里人?
Nǐ shì nǎli rén?
🎤 _____

你家有几口人? 당신의 가족은 몇 명이에요?

Nǐ jiā yǒu jǐ kǒu rén?

맛있는 간체자 제시된 획순에 따라 써보세요.

口 kǒu 양 식구 [가족 수를 세는 단위]	丨 冂 口				口 입 구
	口 kǒu	口 kǒu			

身体 shēntǐ 명 신체, 건강	´ ⼁ 冂 甪 甪 身 身 丿 亻 亻 什 伫 休 体			身 몸 신	體 몸 체
	身体 shēntǐ	身体 shēntǐ			

爸爸 bàba 명 아빠	´ ⼃ ⼋ 父 父 쏘 吞 吞 爸			爸 아비 파	爸 아비 파
	爸爸 bàba	爸爸 bàba			

妈妈 māma 명 엄마	ㄑ 女 女 奵 妈 妈			媽 어미 마	媽 어미 마
	妈妈 māma	妈妈 māma			

哥哥 gēge 명 형, 오빠	一 一 一 一 一 一 一 一 一 哥 哥 哥				哥 형 가	哥 형 가
	哥哥	哥哥				
	gēge	gēge				

姐姐 jiějie 명 누나, 언니	〈 夕 女 女 如 如 姐 姐 姐				姐 누이 저	姐 누이 저
	姐姐	姐姐				
	jiějie	jiějie				

弟弟 dìdi 명 남동생	丶 ㅛ 竺 肖 肖 弟 弟				弟 아우 제	弟 아우 제
	弟弟	弟弟				
	dìdi	dìdi				

妹妹 mèimei 명 여동생	〈 夕 女 女 女一 女二 妹 妹 妹				妹 누이 매	妹 누이 매
	妹妹	妹妹				
	mèimei	mèimei				

孩子 háizi 명 아이, 자녀	乛 了 孑 孑丶 孑丆 孑亥 孩 孩 孩 乛 了 子				孩 어린아이 해	子 아들 자
	孩子	孩子				
	háizi	háizi				

Track05

1 녹음을 듣고 해당되는 것들끼리 연결하고 성조를 표시하세요.

❶ 家 •   • shenti •   • ~와/과

❷ 几 •   • he •   • 집, 가정

❸ 口 •   • ji •   • 신체, 건강

❹ 和 •   • kou •   • 몇[10 미만의 수를 물음]

❺ 身体 •   • jia •   • 식구[가족 수를 세는 단위]

❻ 丈夫 •   • qizi •   • 아들

❼ 妻子 •   • zhangfu •   • 남편

❽ 孩子 •   • erzi •   • 딸

❾ 女儿 •   • haizi •   • 아이, 자녀

❿ 儿子 •   • nü'er •   • 아내

2 녹음을 듣고 빈칸을 채우세요.

Track06

❶ 我家有＿＿＿＿＿＿。

Wǒ jiā yǒu ＿＿＿＿＿＿.

❷ 我家有爷爷、＿＿＿＿、＿＿＿＿和我。

Wǒ jiā yǒu yéye、＿＿＿＿＿、＿＿＿＿＿ hé wǒ.

❸ 我奶奶＿＿＿＿很＿＿＿＿。

Wǒ nǎinai ＿＿＿＿＿ hěn ＿＿＿＿.

❹ 我有＿＿＿＿＿＿＿＿。

Wǒ yǒu ＿＿＿＿＿＿＿＿.

1 다음 회화를 중국어로 말해 보세요.

동민 너희 가족은 몇 명이야?

➡ _____

안나 우리 가족은 네 명이야. 아빠, 엄마, 오빠
그리고 나.

➡ _____

_____

동민 너희 아빠, 엄마는 건강하시니?

➡ _____

안나 그들은 모두 건강하셔.

➡ _____

2 다음 질문에 중국어로 대답해 보세요.

❶ 你家有几口人?
Nǐ jiā yǒu jǐ kǒu rén? _____

❷ 你家都有什么人?
Nǐ jiā dōu yǒu shénme rén? _____

❸ 你爸爸、妈妈身体好吗?
Nǐ bàba、māma shēntǐ hǎo ma? _____

❹ 你有兄弟姐妹吗?
Nǐ yǒu xiōngdì jiěmèi ma? _____

他今年28岁。 그는 올해 28살이에요.

Tā jīnnián èrshíbā suì.

맛있는 간체자   제시된 획순에 따라 써보세요.

今年 jīnnián 명 올해	ノ 人 △ 今 ノ ⺊ ⺘ ⺫ ⺽ 年				今 이제 금	年 해 년
	今年 jīnnián	今年 jīnnián				

多大 duō dà (나이가) 얼마인가	ノ ク 夕 夕 多 多 一 ナ 大				多 많을 다	大 클 대
	多大 duō dà	多大 duō dà				

岁 suì 양 세, 살 [나이를 세는 단위]	⼁ ⼭ ⼭ 岁 岁 岁					歲 해 세
	岁 suì	岁 suì				

工作 gōngzuò 명 일 동 일하다	一 丁 工 ノ 亻 仁 仁 作 作 作				工 장인 공	作 지을 작
	工作 gōngzuò	工作 gōngzuò				

电视台 diànshìtái 몡 방송국	Ｉ Ⅱ Ⅱ Ⅱ 电 ㄥ ㄥ ㄥ 台 台 台	﹨ ﹗ ﾗ ﾈ ﾈ ﾈ ﾈ 初 初 视 视		電 번개 전	視 볼 시	臺 대 대
	电视台	电视台				
	diànshìtái	diànshìtái				

年纪 niánjì 몡 연령, 나이	ノ 仁 仁 仁 年 ㄥ ㄥ ㄥ 纟 纪 纪 纪				年 해년	纪 벼리 기
	年纪	年纪				
	niánjì	niánjì				

学习 xuéxí 통 공부하다, 학습하다	﹅ ﹅ ﹅ ㆒ ㆒ 学 学 学 学 ㄱ ㄱ 习				學 배울 학	習 익힐 습
	学习	学习				
	xuéxí	xuéxí				

大学 dàxué 몡 대학	一 ナ 大 ﹅ ﹅ ﹅ ㆒ ㆒ 学 学 学 学				大 클 대	學 배울 학
	大学	大学				
	dàxué	dàxué				

公务员 gōngwùyuán 몡 공무원	ノ 八 公 公 ｜ ﹅ ㄅ 夂 冬 务 Ｉ Ⅱ Ⅱ 尸 吊 员 员			公 공평할 공	務 힘쓸 무	員 인원 원
	公务员	公务员				
	gōngwùyuán	gōngwùyuán				

맛있는 단어

1 녹음을 듣고 해당되는 것들끼리 연결하고 성조를 표시하세요.

Track07

❶ 今年 •	• sui	•	• ~에서
❷ 多大 •	• gongzuo	•	• 올해
❸ 岁 •	• jinnian	•	• (나이가) 얼마인가
❹ 工作 •	• zai	•	• 세, 살[나이를 세는 단위]
❺ 在 •	• duo da	•	• 일, 일하다
❻ 电视台 •	• xuexi	•	• 공부하다, 학습하다
❼ 年纪 •	• daxue	•	• 방송국
❽ 学习 •	• dianshitai	•	• 대학
❾ 大学 •	• gongwuyuan	•	• 공무원
❿ 公务员 •	• nianji	•	• 연령, 나이

2 녹음을 듣고 빈칸을 채우세요.

Track08

❶ 你爸爸＿＿＿＿＿＿＿＿＿？

Nǐ bàba ＿＿＿＿＿＿＿＿＿＿＿＿？

❷ 我今年＿＿＿＿＿＿＿＿。

Wǒ jīnnián ＿＿＿＿＿＿＿＿＿＿＿.

❸ 我在＿＿＿＿＿＿＿＿。

Wǒ zài ＿＿＿＿＿＿＿＿＿＿＿.

❹ 他是＿＿＿＿＿＿＿＿。

Tā shì ＿＿＿＿＿＿＿＿＿＿＿.

1 다음 회화를 중국어로 말해 보세요.

동민 너희 오빠는 올해 몇 살이니?

➡ _____

안나 올해 28살이야.

➡ _____

동민 그는 일하니?

➡ _____

안나 응, 방송국에서 일해.

➡ _____

2 다음 질문에 중국어로 대답해 보세요.

❶ 你今年多大?
Nǐ jīnnián duō dà?
🎤 _____

❷ 你工作吗?
Nǐ gōngzuò ma?
🎤 _____

❸ 你做什么工作?
Nǐ zuò shénme gōngzuò?
🎤 _____

❹ 你在哪儿工作?
Nǐ zài nǎr gōngzuò?
🎤 _____

你的手机在钱包下边。

Nǐ de shǒujī zài qiánbāo xiàbian.

당신의 핸드폰은 지갑 밑에 있어요.

맛있는 간체자 제시된 획순에 따라 써보세요.

钱包 qiánbāo 몡 지갑	ノ 卜 卢 钅 钅 钅 钅 钱 钱 钱 ノ ク 勹 勺 包				錢 돈 전	包 쌀 포
	钱包 qiánbāo	钱包 qiánbāo				

桌子 zhuōzi 몡 탁자, 테이블	丨 ┠ ┝ 卢 卢 卓 卓 桌 桌 ¬ 了 子				桌 탁자 탁	子 아들 자
	桌子 zhuōzi	桌子 zhuōzi				

上边 shàngbian 몡 위쪽	丨 卜 上 コ 力 边 边 边				上 윗 상	邊 가 변
	上边 shàngbian	上边 shàngbian				

下边 xiàbian 몡 아래쪽	一 丅 下 コ 力 边 边 边				下 아래 하	邊 가 변
	下边 xiàbian	下边 xiàbian				

					前 앞 전	邊 가 변
前边 qiánbian 명 앞쪽	、、丷丷广广前前前前 フ力力边边					
	前边	前边				
	qiánbian	qiánbian				

					後 뒤 후	邊 가 변
后边 hòubian 명 뒤쪽	一厂广斤斤后后 フ力力边边					
	后边	后边				
	hòubian	hòubian				

					裏 속 리	邊 가 변
里边 lǐbian 명 안쪽	丨冂冂冃日旦里里 フ力力边边					
	里边	里边				
	lǐbian	lǐbian				

					外 바깥 외	邊 가 변
外边 wàibian 명 바깥쪽	丿夕夕列外 フ力力边边					
	外边	外边				
	wàibian	wàibian				

					旁 곁 방	邊 가 변
旁边 pángbiān 명 옆	、亠宀广产产产旁旁 フ力力边边					
	旁边	旁边				
	pángbiān	pángbiān				

Track09

1 녹음을 듣고 해당되는 것들끼리 연결하고 성조를 표시하세요.

❶ 下边 •	• qianbao •	• 앞쪽
❷ 前边 •	• xiabian •	• 아래쪽
❸ 钱包 •	• qianbian •	• 우체국
❹ 邮局 •	• zhuozi •	• 지갑
❺ 桌子 •	• youju •	• 탁자, 테이블
❻ 呢 •	• libian •	• ~는요?
❼ 里边 •	• ne •	• 위쪽
❽ 上边 •	• ditiezhan •	• 뒤쪽
❾ 后边 •	• shangbian •	• 안쪽
❿ 地铁站 •	• houbian •	• 지하철역

Track10

2 녹음을 듣고 빈칸을 채우세요.

❶ 我的书在桌子＿＿＿＿＿。

Wǒ de shū zài zhuōzi ＿＿＿＿＿.

❷ 朋友在我＿＿＿＿＿。

Péngyou zài wǒ ＿＿＿＿＿.

❸ 哥哥在图书馆＿＿＿＿＿。

Gēge zài túshūguǎn ＿＿＿＿＿.

❹ 邮局在银行＿＿＿＿＿。

Yóujú zài yínháng ＿＿＿＿＿.

1 다음 회화를 중국어로 말해 보세요.

샤오잉 내 핸드폰은 어디에 있어?

➡ _____

동민 너의 핸드폰은 지갑 밑에 있어.

➡ _____

샤오잉 내 지갑은?

➡ _____

동민 탁자 위에 있어.

➡ _____

2 다음 질문에 중국어로 대답해 보세요.

❶ 你的书包在哪儿?
Nǐ de shūbāo zài nǎr?

🎙 _____

❷ 你的衣服在哪儿?
Nǐ de yīfu zài nǎr?

🎙 _____

❸ 你的同学在哪儿?
Nǐ de tóngxué zài nǎr?

🎙 _____

❹ 你的老师在哪儿?
Nǐ de lǎoshī zài nǎr?

🎙 _____

❺ 你的朋友在哪儿?
Nǐ de péngyou zài nǎr?

🎙 _____

你的生日是几月几号?

Nǐ de shēngrì shì jǐ yuè jǐ hào?

당신의 생일은 몇 월 며칠이에요?

맛있는 **간체자** 제시된 획순에 따라 써보세요.

生日 shēngrì 명 생일	ノ ∠ ⌒ 牛 生 丨 冂 日 日				生 날 생	日 날 일
	生日 shēngrì	生日 shēngrì				

年 nián 명 해, 년	ノ ⌒ ⌒ 仁 乍 年				年 해 년
	年 nián	年 nián			

月 yuè 명 월, 달	ノ 刀 月 月				月 달 월
	月 yuè	月 yuè			

号 hào 명 일[날짜]	丨 冂 口 므 号				號 이름 호
	号 hào	号 hào			

星期 xīngqī 명 주, 요일	丨 冂 冂 日 旦 므 므 무 모 星 一 十 廿 廿 甘 其 其 期 期 期				星 별 성	期 기약할 기
	星期 xīngqī	星期 xīngqī				

今天 jīntiān 명 오늘	丿 人 人 今 一 二 于 天				今 이제 금	天 하늘 천
	今天 jīntiān	今天 jīntiān				

真的 zhēnde 문 정말	一 十 广 古 吉 吉 貞 直 真 真 丿 亻 亻 白 白 的 的 的				真 참 진	的 과녁 적
	真的 zhēnde	真的 zhēnde				

祝 zhù 동 기원하다, 빌다	丶 礻 礻 礻 礻 礻 礻 祝 祝					祝 빌 축
	祝 zhù	祝 zhù				

快乐 kuàilè 형 즐겁다, 유쾌하다	丶 丷 忄 忄 忄 快 快 一 匚 乐 乐 乐				快 쾌할 쾌	樂 즐길 락
	快乐 kuàilè	快乐 kuàilè				

Track11

1 녹음을 듣고 해당되는 것들끼리 연결하고 성조를 표시하세요.

❶ 生日 •	• jintian •	• 정말
❷ 几月 •	• ji hao •	• 몇 월
❸ 几号 •	• zhende •	• 생일
❹ 今天 •	• ji yue •	• 오늘
❺ 真的 •	• shengri •	• 며칠
❻ 祝 •	• xingqitian •	• 기원하다, 빌다
❼ 星期几 •	• zhu •	• 즐겁다, 유쾌하다
❽ 星期五 •	• kuaile •	• 무슨 요일
❾ 星期天 •	• xingqi ji •	• 금요일
❿ 快乐 •	• xingqiwu •	• 일요일

Track12

2 녹음을 듣고 빈칸을 채우세요.

❶ _____是儿童节。

_____ shì Értóng Jié.

❷ _____是爸爸的_____。

_____ shì bàba de _____.

❸ 今天不是_____，是_____。

Jīntiān bú shì _____, shì _____.

❹ 我_____去中国。

Wǒ _____ qù Zhōngguó.

1 다음 회화를 중국어로 말해 보세요.

동민 너의 생일은 몇 월 며칠이니?

➡ _____

샤오잉 4월 14일이야. 너는?

➡ _____

동민 오늘이 바로 내 생일이야.

➡ _____

샤오잉 정말? 생일 축하해!

➡ _____

2 다음 질문에 중국어로 대답해 보세요.

❶ 你的生日是几月几号？
Nǐ de shēngrì shì jǐ yuè jǐ hào? _____

❷ 你妈妈的生日是几月几号？
Nǐ māma de shēngrì shì jǐ yuè jǐ hào? _____

❸ 今天几月几号? 星期几？
Jīntiān jǐ yuè jǐ hào? Xīngqī jǐ? _____

❹ 今天星期三吗？
Jīntiān xīngqīsān ma? _____

❺ 明天几号？
Míngtiān jǐ hào? _____

下午去看电影。 오후에 영화 보러 가요.
Xiàwǔ qù kàn diànyǐng.

맛있는 **간체자**   제시된 획순에 따라 써보세요.

商店 shāngdiàn 명 상점	`丶 亠 亠 产 产 产 产 产 商 商` `丶 亠 广 广 庐 店 店`			商 장사 상	店 가게 점
	商店 shāngdiàn	商店 shāngdiàn			

东西 dōngxi 명 물건	`一 左 左 东 东` `一 厂 厅 丙 西 西`			東 동녘 동	西 서녘 서
	东西 dōngxi	东西 dōngxi			

做 zuò 동 하다	`丿 亻 亻 什 什 什 估 估 佔 做 做`				做 지을 주
	做 zuò	做 zuò			

电影 diànyǐng 명 영화	`丨 冂 冂 日 电` `丨 冂 冂 日 旱 昱 昰 景 景 景 景 影 影`			電 전기 전	影 그림자 영
	电影 diànyǐng	电影 diànyǐng			

上个 shàng ge 지난	丨 卜 上 丿 人 个				上 윗 상	個 낱 개
	上个 shàng ge	上个 shàng ge				

下个 xià ge 다음	一 丁 下 丿 人 个				下 아래 하	個 낱 개
	下个 xià ge	下个 xià ge				

见 jiàn 통 만나다, 보(이)다	丨 冂 贝 见					見 볼 견
	见 jiàn	见 jiàn				

借 jiè 통 빌리다	丿 亻 仁 仁 併 併 借 借 借 借					借 빌릴 차
	借 jiè	借 jiè				

饭馆儿 fànguǎnr 명 음식점, 식당	丿 𠂇 饣 饣 饣 饭 饭 丿 𠂇 饣 饣 饣 馆 馆 馆 馆 馆 馆 丨 丿 儿			飯 밥 반	館 집 관	兒 아이 아
	饭馆儿 fànguǎnr	饭馆儿 fànguǎnr				

맛있는 단어

1 녹음을 듣고 해당되는 것들끼리 연결하고 성조를 표시하세요.

Track13

❶ 商店 •	• fanguanr •	• 영화
❷ 东西 •	• jie shu •	• 음식점, 식당
❸ 电影 •	• shangdian •	• 상점
❹ 借书 •	• dianying •	• 물건
❺ 饭馆儿 •	• dongxi •	• 책을 빌리다
❻ 做 •	• zuo •	• 영화관
❼ 电影院 •	• zhege yue •	• 지난달
❽ 这个月 •	• shang ge yue •	• 이번 달
❾ 这个星期 •	• zhege xingqi •	• 하다
❿ 上个月 •	• dianyingyuan •	• 이번 주

2 녹음을 듣고 빈칸을 채우세요.

Track14

❶ 妈妈去_____买_____。

Māma qù _____ mǎi _____.

❷ 我去_____。

Wǒ qù _____.

❸ 他去_____。

Tā qù _____.

❹ 我去_____看_____。

Wǒ qù _____ kàn _____.

1 다음 회화를 중국어로 말해 보세요.

동민 이번 주 토요일에 바빠?

➡ _____

샤오잉 바빠, 오전에는 상점에 물건을 사러 가.

➡ _____

동민 오후에는 뭘 하니?

➡ _____

샤오잉 오후에는 영화를 보러 가.

➡ _____

이번 주 토요일에 바빠?

2 다음 질문에 중국어로 대답해 보세요.

❶ 你去商店做什么?
Nǐ qù shāngdiàn zuò shénme?

_____

❷ 你去中国做什么?
Nǐ qù Zhōngguó zuò shénme?

_____

❸ 明天晚上你做什么?
Míngtiān wǎnshang nǐ zuò shénme?

_____

❹ 这个星期六你做什么?
Zhège xīngqīliù nǐ zuò shénme?

_____

我给你买衣服。 내가 당신에게 옷을 사줄게요.
Wǒ gěi nǐ mǎi yīfu.

맛있는 **간체자** 제시된 획순에 따라 써보세요.

百货商店
bǎihuò shāngdiàn
명 백화점

一ナ了百百百 | ノ亻化化传货货
亠宀宀宀商商商商商 | 亠宀宀庐店店店

百	货	商	店
일백	재물	장사	가게
백	화	상	점

百货商店 | 百货商店
bǎihuò shāngdiàn | bǎihuò shāngdiàn

吧
ba
조 ~하세요,
~합시다

丨口口口吖吖吧吧

			吧
			어조사 파
吧	吧		
ba	ba		

没关系
méi guānxi
괜찮다, 문제없다

丶丶氵氵汐没没
丶丷兰兰关关
一了互马系系系

没	关	系
빠질	관계할	맬
몰	관	계

没关系 | 没关系
méi guānxi | méi guānxi

钱
qián
명 돈

ノ𠂉牟牟钅钅钅钅钱钱钱

			錢
			돈 전
钱	钱		
qián	qián		

一起 yìqǐ (부) 함께	一 一 十 土 丰 丰 丰 走 起 起 起				一 한 일	起 일어날 기
	一起 yìqǐ	一起 yìqǐ				

发短信 fā duǎnxìn 문자 메시지를 보내다	一 ナ ゙ 发 发 ゙ ィ ゙゙ ゙゙ ゙゙ ゙゙ 矢 知 知 知 短 短 短 ノ イ 亻 亻 信 信 信 信 信			發 필 발	短 짧을 단	信 믿을 신
	发短信 fā duǎnxìn	发短信 fā duǎnxìn				

公园 gōngyuán (명) 공원	ノ 八 公 公 丨 冂 冂 円 冃 闬 园 园			公 공평할 공	園 동산 원	
	公园 gōngyuán	公园 gōngyuán				

散步 sàn bù (동) 산책하다	一 艹 艹 艹 艹 艹 背 背 背 背 散 散 丨 ╵ 止 止 ╵ 牛 步 步			散 흩을산	步 걸음 보	
	散步 sàn bù	散步 sàn bù				

打电话 dǎ diànhuà 전화를 하다	一 ┤ ┧ ┧ ┭ 打 丨 丨 冂 冃 电 电 丶 讠 订 订 讦 话 话 话			打 칠 타	電 번개 전	話 말씀 화
	打电话 dǎ diànhuà	打电话 dǎ diànhuà				

Track15

1 녹음을 듣고 해당되는 것들끼리 연결하고 성조를 표시하세요.

❶ 百货商店 •　　• mei guanxi　　•　　• ~에게

❷ 没关系 •　　• gongyuan　　•　　• 백화점

❸ 打电话 •　　• baihuo shangdian •　　• 공원

❹ 给 •　　• gei　　•　　• 괜찮다, 문제없다

❺ 公园 •　　• da dianhua　　•　　• 전화를 하다

❻ 钱 •　　• zai　　•　　• 돈

❼ 在 •　　• qian　　•　　• ~와/과

❽ 吧 •　　• yiqi　　•　　• ~하세요, ~합시다

❾ 一起 •　　• gen　　•　　• ~에서

❿ 跟 •　　• ba　　•　　• 함께

Track16

2 녹음을 듣고 빈칸을 채우세요.

❶ 我们去_____吧。

　 Wǒmen qù _____ ba.

❷ 我_____妈妈_____。

　 Wǒ _____ māma _____.

❸ 我_____朋友_____吃饭。

　 Wǒ _____ péngyou _____ chī fàn.

❹ 我哥哥_____公司_____。

　 Wǒ gēge _____ gōngsī _____.

1 다음 회화를 중국어로 말해 보세요.

동민 오늘 우리 어디에서 옷을 사?

➡ _____

누나 백화점에 가자. 내가 너에게 옷을 사줄게.

➡ _____

➡ _____

동민 정말이야? 그곳의 옷은 굉장히 비싸.

➡ _____

누나 괜찮아. 난 돈이 있어.

➡ _____

2 다음 질문에 중국어로 대답해 보세요.

❶ 你在哪儿学汉语?
Nǐ zài nǎr xué Hànyǔ?

🎙 _____

❷ 你和谁一起去商店?
Nǐ hé shéi yìqǐ qù shāngdiàn?

🎙 _____

❸ 你跟谁一起看电影?
Nǐ gēn shéi yìqǐ kàn diànyǐng?

🎙 _____

❹ 谁给你做菜?
Shéi gěi nǐ zuò cài?

🎙 _____

你吃饭了吗? 당신은 식사했어요?
Nǐ chī fàn le ma?

제시된 획순에 따라 써보세요.

回来 huílai 동 돌아오다	丨 冂 冂 冋 冋 回 一 匸 兯 平 来 来				回 돌아올 회	来 올 래
	回来	回来				
	huílai	huílai				

了 le 조 동작의 완료를 나타내는 조사	㇇ 了					了 마칠 료
	了	了				
	le	le				

还 hái 튀 아직	一 丆 才 不 还 还					還 돌아올 환
	还	还				
	hái	hái				

没(有) méi(yǒu) 튀 ~하지 않다	丶 氵 氵 氵 氻 没 没 一 丆 冇 有 有 有				没 빠질 몰	有 있을 유
	没(有)	没(有)				
	méi(yǒu)	méi(yǒu)				

饿 è 형 배고프다	ノ ク 亇 钅 钅 钅 饣 饿 饿 饿　饿 è　è	饿 굶주릴 아

死了 sǐ le ~해 죽겠다	一 厂 ア 歹 死 死 フ 了 死了　死了 sǐ le　sǐ le	死　了 죽을 사　마칠 료

快 kuài 형 빠르다 부 빨리, 어서	ノ ト ト 忄 忄 快 快 快　快 kuài　kuài	快 쾌할 쾌

请问 qǐngwèn 동 말씀 좀 여쭤겠 습니다	` 讠 讠 讠 请 请 请 请 请 请 ` 门 门 门 问 问 请问　请问 qǐngwèn　qǐngwèn	请　问 청할 청　물을 문

洗手间 xǐshǒujiān 명 화장실	` ` 氵 氵 氵 汫 汫 汫 洗 一 二 三 手 丨 丶 丨 门 问 问 间 间 洗手间　洗手间 xǐshǒujiān　xǐshǒujiān	洗　手　间 씻을 세　손 수　사이 간

1 녹음을 듣고 해당되는 것들끼리 연결하고 성조를 표시하세요.

Track17

❶ 了 •	• e	•	• ~해 죽겠다
❷ 死了 •	• xishoujian	•	• 배고프다
❸ 还 •	• le	•	• 아직
❹ 饿 •	• si le	•	• 동작의 완료를 나타냄
❺ 洗手间 •	• hai	•	• 화장실
❻ 请问 •	• guolai	•	• 건너오다
❼ 快 •	• shangqu	•	• 올라가다
❽ 上去 •	• kuai	•	• 들어오다
❾ 进来 •	• jinlai	•	• 빠르다, 빨리, 어서
❿ 过来 •	• qingwen	•	• 말씀 좀 여쭙겠습니다

2 녹음을 듣고 빈칸을 채우세요.

Track18

❶ 洗手间＿＿＿＿＿＿＿＿。

Xǐshǒujiān ＿＿＿＿＿＿＿＿.

❷ 我＿＿＿＿＿一件衣服。

Wǒ ＿＿＿＿＿＿ yí jiàn yīfu.

❸ 我＿＿＿＿＿吃饭。

Wǒ ＿＿＿＿＿＿ chī fàn.

❹ 你快＿＿＿＿＿＿。

Nǐ kuài ＿＿＿＿＿＿.

1 다음 회화를 중국어로 말해 보세요.

누나 너 왔어?

➡ _____

동민 누나, 밥 먹었어?

➡ _____

누나 먹었어. 너는?

➡ _____

동민 나는 아직 안 먹었어. 배고파 죽겠어.

➡ _____

누나 어서 와서 밥 먹어.

➡ _____

2 다음 질문에 중국어로 대답해 보세요.

❶ 你吃饭了吗？ 🎤 _____
Nǐ chī fàn le ma?

❷ 你的同学来了吗？ 🎤 _____
Nǐ de tóngxué lái le ma?

❸ 昨天晚上你做什么了？ 🎤 _____
Zuótiān wǎnshang nǐ zuò shénme le?

❹ 今天你喝了几杯咖啡？ 🎤 _____
Jīntiān nǐ hēle jǐ bēi kāfēi?

❺ 这个月你买了几件衣服？ 🎤 _____
Zhège yuè nǐ mǎile jǐ jiàn yīfu?

你会说汉语吗? 당신은 중국어를 할 줄 아나요?
Nǐ huì shuō Hànyǔ ma?

맛있는 **간체자**   제시된 획순에 따라 써보세요.

坐 zuò 동 앉다	ノ 人 水 水 丛 丛 坐 坐				坐 앉을 **좌**
	坐 zuò	坐 zuò			

会 huì 조동 ~할 줄 알다, ~할 수 있다	ノ 人 스 스 会 会				會 모일 **회**
	会 huì	会 huì			

一点儿 yìdiǎnr 조금, 약간	一 丨 丨 卜 卡 占 占 卢 点 点 点 ノ 儿			一 한 일	點 점 점	兒 아이 아
	一点儿 yìdiǎnr	一点儿 yìdiǎnr			

发音 fāyīn 명 발음	ㄴ ナ 岁 发 发 丶 亠 立 产 产 音 音 音			發 필 **발**	音 소리 **음**
	发音 fāyīn	发音 fāyīn			

不错 búcuò 혱 좋다, 괜찮다	一 丁 丆 不 ノ ノ ゟ ゟ 钅 钅 钅 钳 钳 错 错 错 错				不 아닐 부/불	错 어긋날 착
	不错 búcuò	不错 búcuò				

谢谢 xièxie 동 감사합니다, 고맙습니다	` 讠 讠 讠 讠 讠 讠 讠 讠 讠 讠 谢 谢				謝 사례할 사	謝 사례할 사
	谢谢 xièxie	谢谢 xièxie				

游泳 yóu yǒng 동 수영하다	` ` ` 氵 氵 浐 汻 汸 游 游 游 游 游 ` ` ` 氵 氵 汀 汈 泂 泳 泳				游 헤엄칠 유	泳 헤엄칠 영
	游泳 yóu yǒng	游泳 yóu yǒng				

读 dú 동 (소리 내어) 읽다, (책 등을) 보다, 읽다	` 讠 讠 讠 讠 读 读 读 读 读			讀 읽을 독
	读 dú	读 dú		

用 yòng 동 사용하다	ノ 刀 月 月 用			用 쓸 용
	用 yòng	用 yòng		

Track19

1 녹음을 듣고 해당되는 것들끼리 연결하고 성조를 표시하세요.

❶ 请 •   • hui   •   • 조금, 약간

❷ 不错 •   • bucuo   •   • ~하세요, ~해 주십시오

❸ 坐 •   • yidianr   •   • 앉다

❹ 会 •   • qing   •   • 좋다, 괜찮다

❺ 一点儿 •   • zuo   •   • ~할 줄 알다, ~할 수 있다

❻ 发音 •   • xiexie   •   • 수영하다

❼ 弹钢琴 •   • you yong   •   • 감사합니다, 고맙습니다

❽ 游泳 •   • chang ge   •   • 피아노를 치다

❾ 谢谢 •   • fayin   •   • 노래를 부르다

❿ 唱歌 •   • tan gangqin   •   • 발음

Track20

2 녹음을 듣고 빈칸을 채우세요.

❶ _____。_____喝茶。

   _____. _____ hē chá.

❷ 我_____游泳。

   Wǒ _____ yóu yǒng.

❸ 我____说_____汉语。

   Wǒ _____ shuō _____ Hànyǔ.

❹ 他会_____。

   Tā huì _____.

1 다음 회화를 중국어로 말해 보세요.

샤오잉 앉아, 차 마시렴. 너는 중국어를 할 줄 아니?

➡ _____

_____

동민 할 줄 알아. 그녀의 중국어는 훌륭해.

➡ _____

안나 아니야, 조금 할 줄 알아.

➡ _____

샤오잉 너는 발음이 좋구나.

➡ _____

안나 고마워.

➡ _____

2 다음 질문에 중국어로 대답해 보세요.

❶ 你会说汉语吗?
Nǐ huì shuō Hànyǔ ma?

🎤 _____

❷ 你爸爸会不会做菜?
Nǐ bàba huì bu huì zuò cài?

🎤 _____

❸ 你会游泳吗?
Nǐ huì yóu yǒng ma?

🎤 _____

❹ 你会不会开车?
Nǐ huì bu huì kāi chē?

🎤 _____

我在开车。 나는 운전하고 있어요.
Wǒ zài kāi chē.

맛있는 **간체자**　제시된 획순에 따라 써보세요.

喂 wèi(wéi) [감탄] 어이, 이봐, 여보세요	丨 𠮨 𠮨 𠮨 𠮨 𠮨 𠮨 𠮨 𠮨 𠮨 喂 喂 喂				喂 부르는 소리 **외**
	喂 wéi	喂 wéi			

开车 kāi chē [동] 운전하다, 차를 몰다	一 二 チ 开 一 𠂉 𠂊 车				開 열 **개**	車 수레 **차**
	开车 kāi chē	开车 kāi chē				

干 gàn [동] 하다	一 二 干				幹 줄기 **간**
	干 gàn	干 gàn			

住在 zhùzài ~에 살다, ~에 거주하다	丿 亻 亻 亻 𠆢 住 住 一 𠂇 𠂇 在 在 在				住 살 **주**	在 있을 **재**
	住在 zhùzài	住在 zhùzài				

					附	近
附近 fùjìn 명 부근, 근처	⻗ ⻖ ⻖ ⻖ 阝 阷 附 附 一 厂 斤 斤 沂 近 近				붙을 부	가까울 근
	附近	附近				
	fùjìn	fùjìn				

					作	業
作业 zuòyè 명 숙제	ノ 亻 亻 作 作 作 作 丨 刂 刂 业 业				지을 작	업 업
	作业	作业				
	zuòyè	zuòyè				

					跑	步
跑步 pǎo bù 동 달리다, 조깅하다	丨 冂 冂 口 口 呈 足 趵 趵 跑 跑 丨 卜 止 止 步 步 步				달릴 포	걸음 보
	跑步	跑步				
	pǎo bù	pǎo bù				

					洗	碗
洗碗 xǐ wǎn 설거지를 하다	丶 氵 氵 汋 洴 沖 洪 洗 洗 一 丆 丆 石 石 石 矴 矴 矴 砐 碗 碗				씻을 세	사발 완
	洗碗	洗碗				
	xǐ wǎn	xǐ wǎn				

					休	息
休息 xiūxi 동 쉬다	ノ 亻 亻 什 休 休 丶 丆 自 自 自 自 息 息 息 息				쉴 휴	숨쉴 식
	休息	休息				
	xiūxi	xiūxi				

1 녹음을 듣고 해당되는 것들끼리 연결하고 성조를 표시하세요.

Track21

❶ 喂 • • fujin • • 부근, 근처

❷ 住在 • • zai • • ~하고 있다

❸ 附近 • • da gao'erfuqiu • • 어이, 이봐, 여보세요

❹ 在 • • wei(wei) • • ~에 살다, ~에 거주하다

❺ 打高尔夫球 • • zhuzai • • 골프를 치다

❻ 做作业 • • pao bu • • 달리다, 조깅하다

❼ 跑步 • • xi wan • • 쉬다

❽ 开车 • • xiuxi • • 숙제를 하다

❾ 洗碗 • • zuo zuoye • • 운전하다, 차를 몰다

❿ 休息 • • kai che • • 설거지를 하다

2 녹음을 듣고 빈칸을 채우세요.

Track22

❶ _____, 王老师_____吗?

_____, Wáng lǎoshī _____ ma?

❷ 他们_____。

Tāmen _____.

❸ 他没在_____, 他在_____。

Tā méi zài _____, tā zài _____.

❹ 我没在_____, 在_____。

Wǒ méi zài _____, zài _____.

1 다음 회화를 중국어로 말해 보세요.

형 여보세요, 엄마, 저 운전 중이에요.

➡ _____

엄마 어디 가니?

➡ _____

형 저는 선생님 댁에 가요.

➡ _____

엄마 그곳에 무엇을 하러 가니?

➡ _____

형 선생님한테 중국어를 배우러요.

➡ _____

엄마 선생님은 어디 사시는데?

➡ _____

형 저희 회사 근처에 사세요.

➡ _____

2 다음 질문에 중국어로 대답해 보세요.

❶ 你在干什么?
Nǐ zài gàn shénme?
🎤 _____

❷ 你在看电视吗?
Nǐ zài kàn diànshì ma?
🎤 _____

❸ 你住在哪儿?
Nǐ zhùzài nǎr?
🎤 _____

❹ 他在喝咖啡吗?
Tā zài hē kāfēi ma?
🎤 _____

你吃过中国菜吗?

Nǐ chīguo Zhōngguó cài ma?

당신은 중국요리를 먹어 본 적 있어요?

맛있는 간체자 제시된 획순에 따라 써보세요.

过 guo ㉿ ~한 적 있다	一 寸 寸 讠 讨 过				過 지날 과
	过 guo	过 guo			

菜 cài ㊂ 요리, 음식	一 艹 艹 艹 艹 艹 菥 菥 菜 菜 菜				菜 나물 채
	菜 cài	菜 cài			

尝 cháng ㊅ 맛보다	丨 丷 丷 丷 尚 尚 尝 尝				嘗 맛볼 상
	尝 cháng	尝 cháng			

一下 yíxià 한 번, 잠시	一 丁 下			一 한 일	下 아래 하
	一下 yíxià	一下 yíxià			

好吃 hǎochī 형 맛있다	﹀ ﹀ 女 女ˊ 好 好 丨 冂 日 日ˊ 吃ˊ 吃			好 좋을 호	吃 어눌할 흘
	好吃	好吃			
	hǎochī	hǎochī			

麻辣烫 málàtàng 명 마라탕[음식명]	﹀ 广 广 厂 厈 麻 庑 麻 麻 麻 ﹀ ﹀ 亠 立 立 辛 产 声 盐 耗 辣 辣 ﹀ ﹀ 氵 汀 汤 汤 汤 汤 烫 烫			麻 삼 마	辣 매울 랄	烫 데울 탕
	麻辣烫	麻辣烫				
	málàtàng	málàtàng				

火锅 huǒguō 명 훠궈[음식명]	﹀ ﹀ 丷 火 丿 牛 牛 牟 钅 钅 钔 钔 钔 铝 锅 锅			火 불 화	锅 노구솥* 과
	火锅	火锅			
	huǒguō	huǒguō			

*낫쇠나 구리쇠로 만든 작은 솥

小 xiǎo 형 작다	亅 亅 小			小 작을 소
	小	小		
	xiǎo	xiǎo		

字 zì 명 글자	﹀ ﹀ 宀 宁 宁 字			字 글자 자
	字	字		
	zì	zì		

Track23

1 녹음을 듣고 해당되는 것들끼리 연결하고 성조를 표시하세요.

❶ 过 •	• cai	•	• 맛보다
❷ 菜 •	• guo	•	• 맛있다
❸ 尝 •	• haochi	•	• 요리, 음식
❹ 一下 •	• chang	•	• ~한 적 있다
❺ 好吃 •	• yixia	•	• 한 번, 잠시
❻ 麻辣烫 •	• zi	•	• 마라탕[음식명]
❼ 小 •	• malatang	•	• 작다
❽ 火锅 •	• xiao	•	• 훠궈[음식명]
❾ 字 •	• haoting	•	• 글자
❿ 好听 •	• huoguo	•	• 듣기 좋다

2 녹음을 듣고 빈칸을 채우세요.

Track24

❶ 我还没_____中国_____。

Wǒ hái méi _____ Zhōngguó _____.

❷ 我_____中国_____。

Wǒ _____ Zhōngguó _____.

❸ 我_____游泳，我没_____。

Wǒ _____ yóu yǒng, wǒ méi _____.

❹ 这个_____你_____吗?

Zhège _____ nǐ _____ ma?

1 다음 회화를 중국어로 말해 보세요.

동민 너는 중국요리를 먹어 본 적 있어?

➡ _____

안나 먹어 본 적 없어.

➡ _____

동민 한번 맛봐.

➡ _____

안나 이건 무슨 요리야? 굉장히 맛있다!

➡ _____

동민 이건 마라탕이야.

➡ _____

안나 이건 누가 만든 거야?

➡ _____

동민 우리 누나가 만든 거야.

➡ _____

2 다음 질문에 중국어로 대답해 보세요.

❶ 你吃过中国菜吗? 🎤 _____
　Nǐ chīguo Zhōngguó cài ma?

❷ 你去过中国吗? 🎤 _____
　Nǐ qùguo Zhōngguó ma?

❸ 你看过这本书吗? 🎤 _____
　Nǐ kànguo zhè běn shū ma?

❹ 你听过中国歌吗? 🎤 _____
　Nǐ tīngguo Zhōngguó gē ma?

13과 怎么去? 어떻게 가나요?

Zěnme qù?

맛있는 간체자 제시된 획순에 따라 써보세요.

天气 tiānqì 명 날씨	一 二 チ 天 丿 𠂉 气 气	天 하늘 천 / 氣 기운 기
	天气 (tiānqì) · 天气 (tiānqì)	

玩(儿) wán(r) 동 놀다	一 二 𤣩 王 玎 玗 玩 玩 丿 儿	玩 희롱할 완 / 兒 아이 아
	玩(儿) (wán(r)) · 玩(儿) (wán(r))	

想 xiǎng 조동 ~하고 싶다	一 十 才 木 木 机 相 相 相 相 想 想 想	想 생각할 상
	想 (xiǎng) · 想 (xiǎng)	

动物园 dòngwùyuán 명 동물원	一 二 亍 云 动 动 | 丿 𠂉 牛 牛 牜 牞 物 物 丨 冂 冂 冃 冃 园 园	動 움직일 동 / 物 물건 물 / 園 동산 원
	动物园 (dòngwùyuán) · 动物园 (dòngwùyuán)	

熊猫 xióngmāo 명 판다	ノ ム 今 育 育 育 能 能 能 能 能 熊 熊 ノ ノ ゴ ゴ ゴ 猫 猫 猫 猫 猫 猫			熊 곰 웅	猫 고양이 묘
	熊猫	熊猫			
	xióngmāo	xióngmāo			

怎么 zěnme 때 어떻게	ノ ケ 午 午 作 乍 怎 怎 怎 ノ ム 么			怎 어찌 즘	麽 그런가 마
	怎么	怎么			
	zěnme	zěnme			

骑 qí 동 (동물이나 자전거 등을) 타다	┐ ㄐ 马 马 驴 驴 驴 骑 骑 骑 骑				骑 말 탈 기
	骑	骑			
	qí	qí			

自行车 zìxíngchē 명 자전거	´ ⺋ ⺈ 白 自 自 │ ´ ´ ⺅ ⺘ 彳 行 行 一 ㄠ ㄠ 车			自 스스로 자	行 다닐 행	车 수레 차/거
	自行车	自行车			
	zìxíngchē	zìxíngchē			

喜欢 xǐhuan 동 좋아하다	一 十 圭 圭 声 吉 吉 吉 直 亘 喜 喜 フ ヌ ヌ 欢 欢 欢			喜 기쁠 희	歡 기쁠 환
	喜欢	喜欢			
	xǐhuan	xǐhuan			

Track25

1 녹음을 듣고 해당되는 것들끼리 연결하고 성조를 표시하세요.

❶ 怎么 •	• zenme	•	• 놀다
❷ 天气 •	• wan(r)	•	• 참, 정말
❸ 真 •	• zhen	•	• 어떻게
❹ 玩(儿) •	• xiang	•	• ~하고 싶다
❺ 想 •	• tianqi	•	• 날씨
❻ 熊猫 •	• dongwuyuan	•	• (동물이나 자전거 등을) 타다
❼ 动物园 •	• xihuan	•	• 좋아하다
❽ 骑 •	• xiongmao	•	• 동물원
❾ 自行车 •	• qi	•	• 자전거
❿ 喜欢 •	• zixingche	•	• 판다

Track26

2 녹음을 듣고 빈칸을 채우세요.

❶ 我＿＿＿去看＿＿＿＿＿。

Wǒ ＿＿＿＿ qù kàn ＿＿＿＿＿＿.

❷ 我＿＿＿＿＿＿茶，我＿＿＿＿＿咖啡。

Wǒ ＿＿＿＿＿＿＿ chá, wǒ ＿＿＿＿＿＿ kāfēi.

❸ 我＿＿＿＿＿＿＿＿去。

Wǒ ＿＿＿＿＿＿＿＿＿＿＿ qù.

❹ 他＿＿＿＿＿＿去美国。

Tā ＿＿＿＿＿＿＿＿ qù Měiguó.

1 다음 회화를 중국어로 말해 보세요.

동민 오늘 날씨가 참 좋다.

➡ _____

안나 우리 나가서 놀자.

➡ _____

동민 너는 어디 가고 싶니?

➡ _____

안나 나는 동물원에 판다를 보러 가고 싶어.

➡ _____

동민 어떻게 가지?

어떻게 가지?

➡ _____

안나 자전거를 타고 가자.

➡ _____

동민 좋아. 나는 자전거 타는 걸 아주 좋아해.

➡ _____

2 다음 질문에 중국어로 대답해 보세요.

❶ 今天天气怎么样?
Jīntiān tiānqì zěnmeyàng?

🎤 _____

❷ 你想喝茶吗?
Nǐ xiǎng hē chá ma?

🎤 _____

❸ 你想做什么?
Nǐ xiǎng zuò shénme?

🎤 _____

❹ 你喜欢看电影吗?
Nǐ xǐhuan kàn diànyǐng ma?

🎤 _____

맛있는 **간체자**   제시된 획순에 따라 써보세요.

售货员 shòuhuòyuán 명 판매원	ノ イ イ 广 产 住 住 隹 隹 售 售 ノ イ イ 化 化 化 货 货 丨 冂 冂 冂 月 月 员 员			售 팔 수	货 재물 화	員 인원 원
	售货员	售货员				
	shòuhuòyuán	shòuhuòyuán				

欢迎 huānyíng 동 환영하다	フ ヌ ヌ' ヌㄱ 欢 欢 丶 ㄧ 匚 卬 卬 迎 迎			歡 기쁠 환	迎 맞이할 영
	欢迎	欢迎			
	huānyíng	huānyíng			

光临 guānglín 동 오시다, 왕림하다	丨 丨 丬 半 尹 光 丨 丨 丬 丬 丩 屵 临 临 临			光 빛 광	臨 임할 림
	光临	光临			
	guānglín	guānglín			

要 yào 동 원하다 조동 ～하려고 하다	一 ㄒ ㅜ 兩 兩 覀 要 要 要			要 요긴할 요
	要	要		
	yào	yào		

颜色 yánsè 명 색깔	` 亠 宁 立 产 产 彦 彦 彦 彦 颜 颜 颜 丿 乄 乊 夕 色 色			颜 낯 안	色 빛 색
	颜色	颜色			
	yánsè	yánsè			

红色 hóngsè 명 빨간색	` 乄 纟 纡 红 红 丿 乄 乊 夕 色 色			红 붉을 홍	色 빛 색
	红色	红色			
	hóngsè	hóngsè			

蓝色 lánsè 명 파란색	一 艹 芷 芷 芷 莎 莎 萨 萨 蔜 蓝 蓝 丿 乄 乊 夕 色 色			蓝 쪽 람	色 빛 색
	蓝色	蓝色			
	lánsè	lánsè			

黑色 hēisè 명 검은색	丨 冂 曱 曱 罒 罘 罜 里 里 黑 黑 黑 丿 乄 乊 夕 色 色			黑 검을 흑	色 빛 색
	黑色	黑色			
	hēisè	hēisè			

帽子 màozi 명 모자	丨 冂 巾 帅 帆 帆 帆 帆 帽 帽 帽 帽 乛 了 子			帽 모자 모	子 아들 자
	帽子	帽子			
	màozi	màozi			

맛있는 단어

Track27

1 녹음을 듣고 해당되는 것들끼리 연결하고 성조를 표시하세요.

❶ 售货员 •   • shouhuoyuan •   • 색깔

❷ 欢迎 •   • guanglin •   • 판매원

❸ 光临 •   • yanse •   • 환영하다

❹ 要 •   • huanying •   • 원하다, ~하려고 하다

❺ 颜色 •   • yao •   • 오시다, 왕림하다

❻ 红色 •   • huangse •   • 노란색

❼ 蓝色 •   • hongse •   • 검은색

❽ 黄色 •   • heise •   • 빨간색

❾ 黑色 •   • baise •   • 흰색

❿ 白色 •   • lanse •   • 파란색

Track28

2 녹음을 듣고 빈칸을 채우세요.

❶ 我＿＿＿＿妈妈＿＿＿一件衣服。

Wǒ ＿＿＿＿＿ māma ＿＿＿＿ yí jiàn yīfu.

❷ 我＿＿＿＿中国＿＿＿汉语。

Wǒ ＿＿＿＿＿ Zhōngguó ＿＿＿＿ Hànyǔ.

❸ 她很＿＿＿＿＿＿＿。

Tā hěn ＿＿＿＿＿＿＿.

❹ 他不＿＿＿＿＿＿＿。

Tā bù ＿＿＿＿＿＿＿.

1 다음 회화를 중국어로 말해 보세요.

판매원 어서 오세요. 무엇이 필요하세요?

➡ _____

동민 저는 엄마께 지갑을 하나 사드리려고 해요.

➡ _____

판매원 그녀는 무슨 색을 좋아하세요?

➡ _____

동민 빨간색을 좋아하세요.

➡ _____

판매원 보세요, 이건 어때요?

➡ _____

동민 정말 예쁘네요, 이걸로 살게요.

➡ _____

2 다음 질문에 중국어로 대답해 보세요.

❶ 你喜欢什么颜色? 🎤 _____
Nǐ xǐhuan shénme yánsè?

❷ 你妈妈喜欢什么颜色? 🎤 _____
Nǐ māma xǐhuan shénme yánsè?

❸ 你要买什么? 🎤 _____
Nǐ yào mǎi shénme?

❹ 你要喝什么? 🎤 _____
Nǐ yào hē shénme?

多少钱一斤? 한 근에 얼마예요?
Duōshao qián yì jīn?

맛있는 **간체자**   제시된 획순에 따라 써보세요.

苹果 píngguǒ 몡 사과	一 十 艹 艹 艹 苹 苹 苹 丨 冂 冂 日 旦 早 果 果				蘋 네가래* 빈	果 열매 과
	苹果	苹果				
	píngguǒ	píngguǒ				

＊네가래과의 여러해살이 수초

甜 tián 톙 달다	一 二 千 千 舌 舌 舌 甜 甜 甜 甜				甜 달 첨
	甜	甜			
	tián	tián			

多少 duōshao 때 얼마, 몇	丿 ク タ 夕 多 多 丨 丷 小 少				多 많을 다	少 적을 소
	多少	多少				
	duōshao	duōshao				

斤 jīn 냥 근[무게의 단위]	一 厂 斤 斤				斤 근 근
	斤	斤			
	jīn	jīn			

块 kuài 양 위안 [중국의 화폐 단위]	一 十 土 圹 圵 坍 块				塊 덩어리 괴	
	块 kuài	块 kuài				

便宜 piányi 형 싸다	ノ 亻 亻 仁 亻 伫 便 便 、 、 宀 宀 宁 官 官 宜				便 편할 편	宜 마땅할 의
	便宜 piányi	便宜 piányi				

一共 yígòng 부 전부, 모두	一 一 十 十 业 并 共				一 한 일	共 한가지 공
	一共 yígòng	一共 yígòng				

卖 mài 동 팔다	一 十 士 击 走 走 卖 卖				賣 팔 매	
	卖 mài	卖 mài				

橘子 júzi 명 귤	一 十 才 木 杧 杧 柉 柉 楛 橘 橘 橘 橘 橘 フ 了 子				橘 귤 귤	子 아들 자
	橘子 júzi	橘子 júzi				

1 녹음을 듣고 해당되는 것들끼리 연결하고 성조를 표시하세요.

Track29

❶ 苹果 • • duoshao qian • • 달다

❷ 甜 • • jin • • 얼마예요?

❸ 多少钱 • • tian • • 위안[중국의 화폐 단위]

❹ 斤 • • pingguo • • 사과

❺ 块 • • kuai • • 근[무게의 단위]

❻ 毛 • • fen • • 마오[위안(元)의 10분의 1]

❼ 分 • • mai • • 전부, 모두

❽ 一共 • • pianyi • • 펀[위안(元)의 100분의 1]

❾ 卖 • • mao • • 팔다

❿ 便宜 • • yigong • • 싸다

2 녹음을 듣고 빈칸을 채우세요.

Track30

❶ 这双鞋_____？

Zhè shuāng xié _____？

❷ 苹果_____？

Píngguǒ _____？

❸ 一双鞋_____。

Yì shuāng xié _____.

❹ 苹果_____。

Píngguǒ _____.

1 다음 회화를 중국어로 말해 보세요.

누나 동민아, 사과 먹어.

➡ _____

동민 이 사과는 정말 달아. 어디에서 산 거야?

➡ _____

누나 마트에서 산 거야.

➡ _____

동민 한 근에 얼마야?

➡ _____

누나 한 근에 4.5위안이야.

➡ _____

동민 싸네.

➡ _____

2 다음 질문에 중국어로 대답해 보세요.

❶ 这是在哪儿买的?　　🎤 _____
　　Zhè shì zài nǎr mǎi de?

❷ 这是什么时候买的?　　🎤 _____
　　Zhè shì shénme shíhou mǎi de?

❸ 这支圆珠笔多少钱?　　🎤 _____
　　Zhè zhī yuánzhūbǐ duōshao qián?

❹ 你的书包多少钱?　　🎤 _____
　　Nǐ de shūbāo duōshao qián?

汉语难不难? 중국어는 어렵나요, 어렵지 않나요?
Hànyǔ nán bu nán?

맛있는 **간체자**   제시된 획순에 따라 써보세요.

听说 **tīng shuō** [동] 듣자 하니	ㅣ ㄇ ㄇ ㄩ ㄩ 听 听 听 丶 讠 讠 讠 讠 讠 说 说 说		聽 들을 청	說 말씀 설
	听说	听说		
	tīng shuō	tīng shuō		

天天 **tiāntiān** [명] 날마다, 매일	一 二 于 天		天 하늘 천	天 하늘 천
	天天	天天		
	tiāntiān	tiāntiān		

难 **nán** [형] 어렵다	ㄱ ㄨ ㄨ 邓 邓 邓 邓 难 难 难			難 어려울 난
	难	难		
	nán	nán		

容易 **róngyì** [형] 쉽다	丶 丷 宀 宀 宏 宏 宏 容 容 容 ㅣ ㄇ ㅁ ㅂ ㅂ 月 易 易		容 받아들일 용	易 쉬울 이
	容易	容易		
	róngyì	róngyì		

下雨 xià yǔ 동 비가 오다	一 丁 下 一 厂 厂 币 币 雨 雨 雨				下 아래 하	雨 비 우
	下雨	下雨				
	xià yǔ	xià yǔ				

课 kè 명 수업	丶 讠 讠 讠 讠 讠 评 课 课				课 과정 과	
	课	课				
	kè	kè				

认真 rènzhēn 형 성실하다, 착실하다	丶 讠 讠 认 一 十 广 古 古 直 直 直 真 真				認 알 인	真 참 진
	认真	认真				
	rènzhēn	rènzhēn				

演唱会 yǎnchànghuì 명 콘서트	丶 丶 冫 氵 汀 汽 汽 泞 沪 演 演 演 演 丨 口 口 口 口 吜 吧 唱 唱 唱 丿 人 ㅅ ㅅ ㅅ 会 会			演 펼 연	唱 부를 창	會 모일 회
	演唱会	演唱会				
	yǎnchànghuì	yǎnchànghuì				

动物 dòngwù 명 동물	一 二 云 云 动 动 丿 ╯ ㅓ 牛 牛 牜 物 物 物				動 움직일 동	物 물건 물
	动物	动物				
	dòngwù	dòngwù				

1 녹음을 듣고 해당되는 것들끼리 연결하고 성조를 표시하세요.

Track31

❶ 听说 • • renzhen • • 날마다, 매일

❷ 天天 • • tiantian • • 쉽다

❸ 难 • • ting shuo • • 어렵다

❹ 认真 • • rongyi • • 듣자 하니

❺ 容易 • • nan • • 성실하다, 착실하다

❻ 韩(国)语 • • Han(guo)yu • • 스페인어

❼ 英语 • • Fayu • • 한국어

❽ 法语 • • Xibanyayu • • 일본어

❾ 日语 • • Yingyu • • 영어

❿ 西班牙语 • • Riyu • • 프랑스어

2 녹음을 듣고 빈칸을 채우세요.

Track32

❶ _____她明年_____上海。

_____ tā míngnián _____ Shànghǎi.

❷ 我也想_____。

Wǒ yě xiǎng _____.

❸ 读和写_____, 听和说_____。

Dú hé xiě _____, tīng hé shuō _____.

❹ 她很_____, 我们都_____她。

Tā hěn _____, wǒmen dōu _____ tā.

1 다음 회화를 중국어로 말해 보세요.

친구 듣자 하니, 너 요즘에 중국어를 배운다며.

➡ _____

동민 응. 나는 매일 중국인 선생님한테 중국어를 배워.

➡ _____

_____

친구 중국어는 어려워, 안 어려워?

➡ _____

동민 듣기와 말하기는 그다지 어렵지 않은데, 쓰기는 어려워.

➡ _____

친구 나도 중국어를 배우고 싶어.

➡ _____

동민 너도 나와 함께 중국어를 배우자.

➡ _____

2 다음 질문에 중국어로 대답해 보세요.

❶ 汉语难不难?
Hànyǔ nán bu nán?

🎤 _____

❷ 你想不想学英语?
Nǐ xiǎng bu xiǎng xué Yīngyǔ?

🎤 _____

❸ 你想学什么?
Nǐ xiǎng xué shénme?

🎤 _____

정답

1과 你叫什么名字?
당신의 이름은 무엇인가요?

맛있는 단어

1 ❶ 贵姓 – guìxìng – 성씨[존칭]
  ❷ 姓 – xìng – 성씨, 성이 ~이다
  ❸ 叫 – jiào – ~라고 부르다
  ❹ 名字 – míngzi – 이름
  ❺ 认识 – rènshi – 알다, 인식하다
  ❻ 高兴 – gāoxìng – 기쁘다, 즐겁다
  ❼ 最近 – zuìjìn – 요즘, 최근
  ❽ 李 – Lǐ – 이[성씨]
  ❾ 张 – Zhāng – 장[성씨]
  ❿ 王 – Wáng – 왕[성씨]

2 ❶ 你叫什么名字?
    Nǐ jiào shénme míngzi?
  ❷ 她姓张, 叫张小英。
    Tā xìng Zhāng, jiào Zhāng Xiǎoyīng.
  ❸ 我最近非常忙。
    Wǒ zuìjìn fēicháng máng.
  ❹ 认识你们, 很高兴。
    Rènshi nǐmen, hěn gāoxìng.

맛있는 회화

1 [안나] 你好! 您贵姓?
  [동민] 我姓李, 叫李东民。
       你叫什么名字?
  [안나] 我叫安娜。
  [동민] 认识你, 很高兴。

2 [참고 답안]
  ❶ 我姓金, 叫金英民。
  ❷ 我叫金英民。
  ❸ 我很好。
  ❹ 认识你, 我也很高兴。

2과 你是哪国人?
당신은 어느 나라 사람이에요?

맛있는 단어

1 ❶ 早 – zǎo – 안녕하세요[아침 인사]
  ❷ 哪 – nǎ – 어느
  ❸ 国 – guó – 나라
  ❹ 人 – rén – 사람
  ❺ 美国 – Měiguó – 미국
  ❻ 韩国 – Hánguó – 한국
  ❼ 中国 – Zhōngguó – 중국
  ❽ 日本 – Rìběn – 일본
  ❾ 法国 – Fǎguó – 프랑스
  ❿ 西班牙 – Xībānyá – 스페인

2 ❶ 我不是中国人, 我是韩国人。
    Wǒ bú shì Zhōngguórén, wǒ shì Hánguórén.
  ❷ 他是美国人。
    Tā shì Měiguórén.
  ❸ 这是我的同学。
    Zhè shì wǒ de tóngxué.
  ❹ 那是我的同事。
    Nà shì wǒ de tóngshì.

맛있는 회화

1 [동민] 老师早! 这是我的朋友, 安娜。
  [안나] 您好! 认识您, 很高兴。
  [선생님] 你好! 你是哪国人?
  [안나] 我是美国人。

2 [참고 답안]
  ❶ 早上好!
  ❷ 我是韩国人。
  ❸ 我不是中国人。
  ❹ 我是北京人。

你家有几口人?
당신의 가족은 몇 명이에요?

맛있는 단어

1 ❶ 家 – jiā – 집, 가정
　 ❷ 几 – jǐ – 몇[10 미만의 수를 물음]
　 ❸ 口 – kǒu – 식구[가족 수를 세는 단위]
　 ❹ 和 – hé – ~와/과
　 ❺ 身体 – shēntǐ – 신체, 건강
　 ❻ 丈夫 – zhàngfu – 남편
　 ❼ 妻子 – qīzi – 아내
　 ❽ 孩子 – háizi – 아이, 자녀
　 ❾ 女儿 – nǚ'ér – 딸
　 ❿ 儿子 – érzi – 아들

2 ❶ 我家有五口人。
　 Wǒ jiā yǒu wǔ kǒu rén.

　 ❷ 我家有爷爷、爸爸、妈妈和我。
　 Wǒ jiā yǒu yéye, bàba, māma hé wǒ.

　 ❸ 我奶奶身体很好。
　 Wǒ nǎinai shēntǐ hěn hǎo.

　 ❹ 我有兄弟姐妹。
　 Wǒ yǒu xiōngdì jiěmèi.

맛있는 회화

1 동민 你家有几口人?
　 안나 我家有四口人, 爸爸、妈妈、哥哥和
　 我。
　 동민 你爸爸、妈妈身体好吗?
　 안나 他们都很好。

2 [참고 답안]
　 ❶ 我家有五口人。
　 ❷ 爸爸、妈妈、哥哥、妹妹和我。
　 ❸ 他们身体很好。
　 ❹ 我有兄弟姐妹。

 他今年28岁。
그는 올해 28살이에요.

맛있는 단어

1 ❶ 今年 – jīnnián – 올해
　 ❷ 多大 – duō dà – (나이가) 얼마인가
　 ❸ 岁 – suì – 세, 살[나이를 세는 단위]
　 ❹ 工作 – gōngzuò – 일, 일하다
　 ❺ 在 – zài – ~에서
　 ❻ 电视台 – diànshìtái – 방송국
　 ❼ 年纪 – niánjì – 연령, 나이
　 ❽ 学习 – xuéxí – 공부하다, 학습하다
　 ❾ 大学 – dàxué – 대학
　 ❿ 公务员 – gōngwùyuán – 공무원

2 ❶ 你爸爸多大年纪?
　 Nǐ bàba duō dà niánjì?

　 ❷ 我今年二十一岁。
　 Wǒ jīnnián èrshíyī suì.

　 ❸ 我在大学工作。
　 Wǒ zài dàxué gōngzuò.

　 ❹ 他是公司职员。
　 Tā shì gōngsī zhíyuán.

맛있는 회화

1 동민 你哥哥今年多大?
　 안나 他今年28岁。
　 동민 他工作吗?
　 안나 工作, 他在电视台工作。

2 [참고 답안]
　 ❶ 我今年二十五岁。
　 ❷ 我工作。
　 ❸ 我是老师。
　 ❹ 我在学校工作。

你的手机在钱包下边。
당신의 핸드폰은 지갑 밑에 있어요.

맛있는 단어

1 ❶ 下边 – xiàbian – 아래쪽
　 ❷ 前边 – qiánbian – 앞쪽
　 ❸ 钱包 – qiánbāo – 지갑
　 ❹ 邮局 – yóujú – 우체국
　 ❺ 桌子 – zhuōzi – 탁자, 테이블
　 ❻ 呢 – ne – ~는요?
　 ❼ 里边 – lǐbian – 안쪽
　 ❽ 上边 – shàngbian – 위쪽
　 ❾ 后边 – hòubian – 뒤쪽
　 ❿ 地铁站 – dìtiězhàn – 지하철역

2 ❶ 我的书在桌子上边。
　　Wǒ de shū zài zhuōzi shàngbian.

　 ❷ 朋友在我前边。
　　Péngyou zài wǒ qiánbian.

　 ❸ 哥哥在图书馆里边。
　　Gēge zài túshūguǎn lǐbian.

　 ❹ 邮局在银行对面。
　　Yóujú zài yínháng duìmiàn.

맛있는 회화

1 [샤오잉] 我的手机在哪儿?
　 [동민] 你的手机在钱包下边。
　 [샤오잉] 我的钱包呢?
　 [동민] 在桌子上边。

2 [참고 답안]
　 ❶ 我的书包在椅子下边。
　 ❷ 我的衣服在桌子上边。
　 ❸ 我的同学在我旁边。
　 ❹ 我的老师在我们前边。
　 ❺ 我的朋友在外边。

 你的生日是几月几号?
당신의 생일은 몇 월 며칠이에요?

맛있는 단어

1 ❶ 生日 – shēngrì – 생일
　 ❷ 几月 – jǐ yuè – 몇 월
　 ❸ 几号 – jǐ hào – 며칠
　 ❹ 今天 – jīntiān – 오늘

❺ 真的 – zhēnde – 정말
❻ 祝 – zhù – 기원하다, 빌다
❼ 星期几 – xīngqī jǐ – 무슨 요일
❽ 星期五 – xīngqīwǔ – 금요일
❾ 星期天 – xīngqītiān – 일요일
❿ 快乐 – kuàilè – 즐겁다, 유쾌하다

2 ❶ 后天是儿童节。
　　Hòutiān shì Értóng Jié.

　 ❷ 明天是爸爸的生日。
　　Míngtiān shì bàba de shēngrì.

　 ❸ 今天不是星期天, 是星期六。
　　Jīntiān bú shì xīngqītiān, shì xīngqīliù.

　 ❹ 我八月十七号去中国。
　　Wǒ bā yuè shíqī hào qù Zhōngguó.

맛있는 회화

1 [동민] 你的生日是几月几号?
　 [샤오잉] 四月十四号。你呢?
　 [동민] 今天就是我的生日。
　 [샤오잉] 真的? 祝你生日快乐!

2 [참고 답안]
　 ❶ 我的生日是五月二十号。
　 ❷ 我妈妈的生日是十月九号。
　 ❸ 今天三月十七号星期二。
　 ❹ 今天不是星期三, 是星期二。
　 ❺ 明天十八号。

 下午去看电影。
오후에 영화 보러 가요.

맛있는 단어

1 ❶ 商店 – shāngdiàn – 상점
　 ❷ 东西 – dōngxi – 물건
　 ❸ 电影 – diànyǐng – 영화
　 ❹ 借书 – jiè shū – 책을 빌리다
　 ❺ 饭馆儿 – fànguǎnr – 음식점, 식당
　 ❻ 做 – zuò – 하다
　 ❼ 电影院 – diànyǐngyuàn – 영화관
　 ❽ 这个月 – zhège yuè – 이번 달
　 ❾ 这个星期 – zhège xīngqī – 이번 주
　 ❿ 上个月 – shàng ge yuè – 지난달

2 ❶ 妈妈去商店买东西。
　　Māma qù shāngdiàn mǎi dōngxi.

❷ 我去学校上课。
Wǒ qù xuéxiào shàng kè.

❸ 他去图书馆借书。
Tā qù túshūguǎn jiè shū.

❹ 我去电影院看电影。
Wǒ qù diànyǐngyuàn kàn diànyǐng.

맛있는 회화

1 [동민] 这个星期六你忙吗?
[샤오잉] 很忙, 上午去商店买东西。
[동민] 下午做什么?
[샤오잉] 下午去看电影。

2 [참고 답안]
❶ 我去商店买东西。
❷ 我去中国学汉语。
❸ 明天晚上我喝酒。
❹ 这个星期六我看电影。

 我给你买衣服。
내가 당신에게 옷을 사줄게요.

맛있는 단어

1 ❶ 百货商店 – bǎihuò shāngdiàn – 백화점
❷ 没关系 – méi guānxi – 괜찮다, 문제없다
❸ 打电话 – dǎ diànhuà – 전화를 하다
❹ 给 – gěi – ~에게
❺ 公园 – gōngyuán – 공원
❻ 钱 – qián – 돈
❼ 在 – zài – ~에서
❽ 吧 – ba – ~하세요, ~합시다
❾ 一起 – yìqǐ – 함께
❿ 跟 – gēn – ~와/과

2 ❶ 我们去百货商店吧。
Wǒmen qù bǎihuò shāngdiàn ba.

❷ 我给妈妈打电话。
Wǒ gěi māma dǎ diànhuà.

❸ 我和朋友一起吃饭。
Wǒ hé péngyou yìqǐ chī fàn.

❹ 我哥哥在公司工作。
Wǒ gēge zài gōngsī gōngzuò.

맛있는 회화

1 [동민] 今天我们在哪儿买衣服?

[누나] 去百货商店吧。我给你买衣服。
[동민] 真的吗? 那儿的衣服非常贵。
[누나] 没关系, 我有钱。

2 [참고 답안]
❶ 我在汉语补习班学汉语。
❷ 我和妈妈一起去商店。
❸ 我跟朋友一起看电影。
❹ 姐姐给我做菜。

 你吃饭了吗?
당신은 식사했어요?

맛있는 단어

1 ❶ 了 – le – 동작의 완료를 나타냄
❷ 死了 – sǐ le – ~해 죽겠다
❸ 还 – hái – 아직
❹ 饿 – è – 배고프다
❺ 洗手间 – xǐshǒujiān – 화장실
❻ 请问 – qǐngwèn – 말씀 좀 여쭙겠습니다
❼ 快 – kuài – 빠르다, 빨리, 어서
❽ 上去 – shàngqu – 올라가다
❾ 进来 – jìnlai – 들어오다
❿ 过来 – guòlai – 건너오다

2 ❶ 洗手间在二楼。
Xǐshǒujiān zài èr lóu.

❷ 我买了一件衣服。
Wǒ mǎile yí jiàn yīfu.

❸ 我还没吃饭。
Wǒ hái méi chī fàn.

❹ 你快过来吧。
Nǐ kuài guòlai ba.

맛있는 회화

1 [누나] 你回来了?
[동민] 姐姐, 你吃饭了吗?
[누나] 吃了。你呢?
[동민] 我还没吃, 饿死了。
[누나] 快来吃饭吧。

2 [참고 답안]
❶ 我还没吃饭。
❷ 我的同学来了。
❸ 昨天晚上我看书了。
❹ 今天我喝了两杯咖啡。
❺ 这个月我买了三件衣服。

你会说汉语吗?
당신은 중국어를 할 줄 아나요?

1 ❶ 请 – qǐng – ~하세요, ~해 주십시오
  ❷ 不错 – búcuò – 좋다, 괜찮다
  ❸ 坐 – zuò – 앉다
  ❹ 会 – huì – ~할 줄 알다, ~할 수 있다
  ❺ 一点儿 – yìdiǎnr – 조금, 약간
  ❻ 发音 – fāyīn – 발음
  ❼ 弹钢琴 – tán gāngqín – 피아노를 치다
  ❽ 游泳 – yóu yǒng – 수영하다
  ❾ 谢谢 – xièxie – 감사합니다, 고맙습니다
  ❿ 唱歌 – chàng gē – 노래를 부르다

2 ❶ 请进。请喝茶。
     Qǐng jìn. Qǐng hē chá.

  ❷ 我不会游泳。
     Wǒ bú huì yóu yǒng.

  ❸ 我会说一点儿汉语。
     Wǒ huì shuō yìdiǎnr Hànyǔ.

  ❹ 他会弹钢琴。
     Tā huì tán gāngqín.

맛있는 회화

1 샤오잉 请坐, 请喝茶。你会说汉语吗?
  동민 会, 她的汉语很好。
  안나 不, 我会说一点儿。
  샤오잉 你的发音很不错。
  안나 谢谢。

2 [참고 답안]
  ❶ 我会说汉语。   ❷ 我爸爸不会做菜。
  ❸ 我不会游泳。   ❹ 我会开车。

我在开车。
나는 운전하고 있어요.

맛있는 단어

1 ❶ 喂 – wèi(wéi) – 어이, 이봐, 여보세요
  ❷ 住在 – zhùzài – ~에 살다, ~에 거주하다
  ❸ 附近 – fùjìn – 부근, 근처
  ❹ 在 – zài – ~하고 있다
  ❺ 打高尔夫球 – dǎ gāo'ěrfūqiú – 골프를 치다
  ❻ 做作业 – zuò zuòyè – 숙제를 하다

  ❼ 跑步 – pǎo bù – 달리다, 조깅하다
  ❽ 开车 – kāi chē – 운전하다, 차를 몰다
  ❾ 洗碗 – xǐ wǎn – 설거지를 하다
  ❿ 休息 – xiūxi – 쉬다

2 ❶ 喂, 王老师在吗?
     Wéi, Wáng lǎoshī zài ma?

  ❷ 他们在跑步。
     Tāmen zài pǎo bù.

  ❸ 他没在做作业, 他在休息。
     Tā méi zài zuò zuòyè, tā zài xiūxi.

  ❹ 我没在看书, 在看手机。
     Wǒ méi zài kàn shū, zài kàn shǒujī.

맛있는 회화

1 형 喂, 妈, 我在开车。
  엄마 你去哪儿?
  형 我去老师家。
  엄마 你去那儿干什么?
  형 跟老师学汉语。
  엄마 她住在哪儿?
  형 她住在我们公司附近。

2 [참고 답안]
  ❶ 我在吃饭。
  ❷ 我没在看电视, 在看书。
  ❸ 我住在首尔。
  ❹ 他在喝咖啡。

你吃过中国菜吗?
당신은 중국요리를 먹어 본 적 있어요?

맛있는 단어

1 ❶ 过 – guo – ~한 적 있다
  ❷ 菜 – cài – 요리, 음식
  ❸ 尝 – cháng – 맛보다
  ❹ 一下 – yíxià – 한 번, 잠시
  ❺ 好吃 – hǎochī – 맛있다
  ❻ 麻辣烫 – málàtàng – 마라탕[음식명]
  ❼ 小 – xiǎo – 작다
  ❽ 火锅 – huǒguō – 훠궈[음식명]
  ❾ 字 – zì – 글자
  ❿ 好听 – hǎotīng – 듣기 좋다

2

❶ 我还没吃过中国菜。
Wǒ hái méi chīguo Zhōngguó cài.

❷ 我听过中国歌。
Wǒ tīngguo Zhōngguó gē.

❸ 我不会游泳，我没学过。
Wǒ bú huì yóu yǒng, wǒ méi xuéguo.

❹ 这个字你认识吗？
Zhège zì nǐ rènshi ma?

맛있는 회화

1 동민 你吃过中国菜吗？
안나 我没吃过。
동민 你尝一下。
안나 这是什么菜？ 非常好吃!
동민 这是麻辣烫。
안나 这是谁做的？
동민 是我姐姐做的。

2 [참고 답안]
❶ 我吃过中国菜。
❷ 我还没去过中国。
❸ 我看过这本书。
❹ 我没听过中国歌。

 怎么去?
어떻게 가나요?

맛있는 단어

1 ❶ 怎么 – zěnme – 어떻게
❷ 天气 – tiānqì – 날씨
❸ 真 – zhēn – 참, 정말
❹ 玩(儿) – wán(r) – 놀다
❺ 想 – xiǎng – ~하고 싶다
❻ 熊猫 – xióngmāo – 판다
❼ 动物园 – dòngwùyuán – 동물원
❽ 骑 – qí – (동물이나 자전거 등을) 타다
❾ 自行车 – zìxíngchē – 자전거
❿ 喜欢 – xǐhuan – 좋아하다

2 ❶ 我想去看熊猫。
Wǒ xiǎng qù kàn xióngmāo.

❷ 我不想喝茶，我想喝咖啡。
Wǒ bù xiǎng hē chá, wǒ xiǎng hē kāfēi.

❸ 我骑自行车去。
Wǒ qí zìxíngchē qù.

❹ 他坐飞机去美国。
Tā zuò fēijī qù Měiguó.

맛있는 회화

1 동민 今天天气真好!
안나 我们出去玩儿吧。
동민 你想去哪儿？
안나 我想去动物园看熊猫。
동민 我们怎么去？
안나 骑自行车去吧。
동민 好，我很喜欢骑自行车。

2 [참고 답안]
❶ 今天天气真好!
❷ 我不想喝茶。
❸ 我想休息。
❹ 我很喜欢看电影。

 她喜欢什么颜色?
그녀는 무슨 색을 좋아하나요?

맛있는 단어

1 ❶ 售货员 – shòuhuòyuán – 판매원
❷ 欢迎 – huānyíng – 환영하다
❸ 光临 – guānglín – 오시다, 왕림하다
❹ 要 – yào – 원하다, ~하려고 하다
❺ 颜色 – yánsè – 색깔
❻ 红色 – hóngsè – 빨간색
❼ 蓝色 – lánsè – 파란색
❽ 黄色 – huángsè – 노란색
❾ 黑色 – hēisè – 검은색
❿ 白色 – báisè – 흰색

2 ❶ 我要给妈妈买一件衣服。
Wǒ yào gěi māma mǎi yí jiàn yīfu.

❷ 我要去中国学汉语。
Wǒ yào qù Zhōngguó xué Hànyǔ.

❸ 她很喜欢红色。
Tā hěn xǐhuan hóngsè.

❹ 他不喜欢蓝色。
Tā bù xǐhuan lánsè.

맛있는 회화

1 판매원 欢迎光临! 你要什么？
동민 我要给妈妈买一个钱包。
판매원 她喜欢什么颜色？

동민 她喜欢红色。
판매원 你看，这个怎么样？
동민 真好看，我就买这个吧。

2 [참고 답안]
❶ 我喜欢蓝色。
❷ 我妈妈喜欢红色。
❸ 我要买蛋糕。
❹ 我要喝牛奶。

多少钱一斤?
한 근에 얼마예요?

맛있는 단어

1 ❶ 苹果 – píngguǒ – 사과
❷ 甜 – tián – 달다
❸ 多少钱 – duōshao qián – 얼마예요?
❹ 斤 – jīn – 근[무게의 단위]
❺ 块 – kuài – 위안[중국의 화폐 단위]
❻ 毛 – máo – 마오[위안(元)의 10분의 1]
❼ 分 – fēn – 펀[위안(元)의 100분의 1]
❽ 一共 – yígòng – 전부, 모두
❾ 卖 – mài – 팔다
❿ 便宜 – piányi – 싸다

2 ❶ 这双鞋多少钱？
Zhè shuāng xié duōshao qián?

❷ 苹果怎么卖？
Píngguǒ zěnme mài?

❸ 一双鞋两百五十块。
Yì shuāng xié liǎngbǎi wǔshí kuài.

❹ 苹果三块六一斤。
Píngguǒ sān kuài liù yì jīn.

맛있는 회화

1 누나 东民，你吃苹果吧。
동민 这个苹果真甜! 在哪儿买的？
누나 在超市买的。
동민 多少钱一斤？
누나 四块五一斤。
동민 很便宜。

2 [참고 답안]
❶ 这是在中国买的。
❷ 这是昨天买的。
❸ 这支圆珠笔两块钱。
❹ 我的书包三百块钱。

汉语难不难?
중국어는 어렵나요, 어렵지 않나요?

맛있는 단어

1 ❶ 听说 – tīng shuō – 듣자 하니
❷ 天天 – tiāntiān – 날마다, 매일
❸ 难 – nán – 어렵다
❹ 认真 – rènzhēn – 성실하다, 착실하다
❺ 容易 – róngyì – 쉽다
❻ 韩(国)语 – Hán(guó)yǔ – 한국어
❼ 英语 – Yīngyǔ – 영어
❽ 法语 – Fǎyǔ – 프랑스어
❾ 日语 – Rìyǔ – 일본어
❿ 西班牙语 – Xībānyáyǔ – 스페인어

2 ❶ 听说她明年去上海。
Tīng shuō tā míngnián qù Shànghǎi.

❷ 我也想学法语。
Wǒ yě xiǎng xué Fǎyǔ.

❸ 读和写容易，听和说难。
Dú hé xiě róngyì, tīng hé shuō nán.

❹ 她很认真，我们都喜欢她。
Tā hěn rènzhēn, wǒmen dōu xǐhuan tā.

맛있는 회화

1 친구 听说你最近在学汉语。
동민 是的。我天天跟中国老师学汉语。
친구 汉语难不难？
동민 听和说不太难，写很难。
친구 我也想学汉语。
동민 你也跟我一起学汉语吧。

2 [참고 답안]
❶ 汉语不太难。
❷ 我想学英语。
❸ 我想学做菜。

100만 독자의 선택
중국어 회화 시리즈 베스트셀러

최신 개정 **맛있는** 중국어 **회화** 워크북

MP3 파일 무료 다운로드

맛있는북스	▾	🔍

14720

외국어 전문 출판 브랜드

www.booksJRC.com

9 791161 480534
ISBN 979-11-6148-053-4
ISBN 979-11-6148-051-0(세트)

031 你吃饭了吗? Nǐ chī fàn le ma? 당신은 밥 먹었어요?	047 我想去动物园看熊猫。 Wǒ xiǎng qù dòngwùyuán kàn xióngmāo. 나는 동물원에 판다를 보러 가고 싶어요.
033 我还没吃,饿死了。 Wǒ hái méi chī, è sǐ le. 아직 안 먹었어요. 배고파 죽겠어요.	049 骑自行车去吧。 Qí zìxíngchē qù ba. 자전거를 타고 가요.
035 请坐,请喝茶。 Qǐng zuò, qǐng hē chá. 앉으세요. 차 드세요.	051 欢迎光临!你要什么? Huānyíng guānglín! Nǐ yào shénme? 어서 오세요. 무엇이 필요하세요?
037 不,我会说一点儿。 Bù, wǒ huì shuō yìdiǎnr. 아니에요. 조금 할 줄 알아요.	053 她喜欢什么颜色? Tā xǐhuan shénme yánsè? 그녀는 무슨 색을 좋아하나요?
039 我在开车。 Wǒ zài kāi chē. 나는 운전하고 있어요.	055 你吃苹果吧。 Nǐ chī píngguǒ ba. 사과 먹어요.
041 你吃过中国菜吗? Nǐ chīguo Zhōngguó cài ma? 당신은 중국요리를 먹어 본 적 있어요?	057 多少钱一斤? Duōshao qián yì jīn? 한 근에 얼마예요?
043 这是谁做的? Zhè shì shéi zuò de? 이것은 누가 만든 거예요?	059 听说你最近在学汉语。 Tīng shuō nǐ zuìjìn zài xué Hànyǔ. 듣자 하니, 당신은 요즘 중국어를 배운다면서요.
045 我们出去玩儿吧。 Wǒmen chūqu wánr ba. 우리 나가서 놀아요	061 汉语难不难? Hànyǔ nán bu nán? 중국어는 어려워요, 안 어려워요?

048
我们怎么去？

Wǒmen zěnme qù?

우리 어떻게 가요?

032
吃了。你呢？

Chī le. Nǐ ne?

먹었어요. 당신은요?

050
好，我很喜欢骑自行车。

Hǎo, wǒ hěn xǐhuan qí zìxíngchē.

좋아요, 나는 자전거 타는 걸 아주 좋아해요.

034
快来吃饭吧。

Kuài lái chī fàn ba.

어서 와서 밥 먹어요.

052
我要给妈妈买一个钱包。

Wǒ yào gěi māma mǎi yí ge qiánbāo.

나는 엄마께 지갑을 하나 사드리려고 해요.

036
你会说汉语吗？

Nǐ huì shuō Hànyǔ ma?

당신은 중국어를 할 줄 알아요?

054
她喜欢红色。

Tā xǐhuan hóngsè.

그녀는 빨간색을 좋아해요.

038
你的发音很不错。

Nǐ de fāyīn hěn búcuò.

당신의 발음은 좋아요.

056
这个苹果真甜！

Zhège píngguǒ zhēn tián!

이 사과는 정말 달아요.

040
你去那儿干什么？

Nǐ qù nàr gàn shénme?

당신은 그곳에 무엇을 하러 가나요?

058
四块五一斤。

Sì kuài wǔ yì jīn.

한 근에 4.5위안이에요.

042
我没吃过。

Wǒ méi chīguo.

나는 먹어 본 적 없어요.

060
是的。我天天跟中国老师学汉语。

Shìde. Wǒ tiāntiān gēn Zhōngguó lǎoshī xué Hànyǔ.

네. 나는 매일 중국인 선생님한테 중국어를 배워요.

044
是我姐姐做的。

Shì wǒ jiějie zuò de.

우리 누나(언니)가 만든 거예요.

062
听和说不太难，写很难。

Tīng hé shuō bú tài nán, xiě hěn nán.

듣기와 말하기는 그다지 어렵지 않은데, 쓰기는 어려워요.

046
你想去哪儿？

Nǐ xiǎng qù nǎr?

당신은 어디 가고 싶어요?